자녀의 가슴에 말씀을 새겨라

자녀의 가슴에 말씀을 새겨라

강동협 지음

자녀를 예수님의 참제자로 키우는 꿈

저자는 일찍이 신학대학원 1학년 말에 이른바 '목회사관생'이라 일컫는 '303비전 장학생'으로 선발되어 2년 동안 750절의 말씀을 암송하며 인격목회훈련을 받았습니다. 장학생 시절부터 '303비전'에 깊이 공감하고, 성경암송에 있어서도 타의 모범을 보였지요.

303비전이란 한마디로 말해서 가정에서 아이에게 어려서부터 말씀을 먹이고 가정예배를 체질화시킴으로써 자녀들을 예수님의 참제자로 키우는 꿈, 곧 2030년을 준비하는 꿈입니다. 더 바람직하기는 성경암송태교로 자녀를 낳아서 어려서부터 성경암송훈련과 경건훈련, 순종훈련, 예도훈련을 시키는 것입니다. 그렇게 1차 30년, 2차 30년, 3차 30년씩 3대를 이어가며 성경암송 중심으로 자녀를 교육하면 90년 후 21세기가 다 가기 전에 온 백성이 예수 그리스도의 온유한 성품을 닭게 됩니다.

동시에 1차 30년 후부터는 성경암송이 체질화된 303비전 1세대가 해외 선교사로 나가 그곳에서 어린 세대들에게 말씀을 먹임으로써, 2차 30년 후에는 지금의 피선교국에서 성경암송이 체질화된 303비전 선교사들이 온 세계로 파송될 것입니다.

저자는 학업을 마친 후 서울에서 청년들만 2,000여 명이 모이는 대형교회를 거쳐 현재 지방 중형교회에서 부교역자로 섬기는 한편, 성경암송학교 유니게 과정의 전임강사로서 수많은 어머니들에게 자녀교육에 관한 강의를 하고 있습니다. 가정에서는 세 자녀를 성경암송 태교부터 시작하여 암송으로 키우고 있지요. 이런 과정 속에서 느끼고 깨달은 바와 체험에 기초하여 이 책을 쓴 줄로 압니다.

이 책의 초고를 먼저 읽어보니, 어린 자녀를 하나님의 뜻대로 키우고자 하는 모든 부모들과 미래를 준비하는 모든 목회자들과 신학생들, 나아가 결혼을 준비하는 모든 크리스천 청년들이 꼭 읽어야 하겠고, 꼭 읽히고 싶은 마음이 간절합니다.

여운학 장로(이슬비전도학교 · 303비전성경암송학교 교장)

자녀를 키우는 감격과 기쁨을 아는 부모

　교회가 부흥하려면 청년부를 살려야 한다고들 말합니다. 어떤 교회에서는 청소년부를 살려야 한다고 말합니다. 교회학교에 투자를 해야 한다고 말하는 교회도 있습니다. 하지만 저는 근본적으로 교회가 부흥하기 위해서는 신혼부부와 아기 엄마들에게 관심을 두고 투자해야 한다고 생각합니다.

　어느 교회나 예배의 사각지대는 아기 엄마들입니다. 교회가 그들을 위해 해주는 것이라고는 자모실을 만들어놓고 아기와 함께 고립(?)시키는 것입니다. 그곳에서 예배다운 예배를 드리는 엄마는 거의 없습니다. 한 명을 낳으면 최소한 3년을, 두 명을 낳으면 최소한 6년을, 세 명을 낳으면 최소한 9, 10년간을 예배를 예배답게 드리지 못합니다. 엄마들의 영적 수준이 거의 바닥을 치는 것이지요.

결혼하기 전 청년 시절보다 못한 영적 수준으로 아이를 양육한다고 생각해보십시오. 예배다운 예배를 거의 드리지 못하는 상황의 엄마가 하나님의 말씀으로 자녀를 양육한다는 것은 거의 불가능하다고 봐야 합니다.

이런 상황이다보니 아기 엄마들의 영적 갈급함을 해결하는 문제가 무엇보다 시급합니다. 따라서 아기 엄마들이 진실하게 예배를 드릴 수 있도록 도와주고, 자녀교육에 대한 정보를 제공하고, 철저하게 하나님의 말씀으로 자녀들을 양육할 수 있도록 가르치는 교회가 부흥할 수밖에 없습니다. 엄마아빠가 변화되면 자녀를 하나님 말씀으로 양육하게 되고, 엄마아빠가 자녀교육에 자신감이 생기면 자녀를 많이 낳기 때문입니다.

책을 낸다는 것은 두려운 일입니다. 더욱이 자녀교육과 관련된 책을 내는 것은 더욱더 두렵습니다. 그럼에도 불구하고 과감하게 도전했습니다. 저의 경험보다는 성경에 근거한 자녀교육의 원리를 설명하고자 했기 때문입니다.

특별히 신혼부부, 아기 부모, 청년들을 생각하면서 썼습니다. 저는 결혼을 앞둔 청년들을 만나면 행복한 가정을 디자인해야 한다고 미친 듯이 말합니다. 그리고 결혼 전에 암송을 생활화해야 한다고 강조하지요. 또 임산부를 만나면 성경암송태교를 소개합니다. 아이를 출산한 가정에 심방해서 설교를 할 때는 하나님의 자녀를 선물로 주신 하나님 아버지의 사랑에 감격하여 눈물을 흘리기도 합니다.

이 책을 통해 많은 엄마아빠들이 자녀들은 아주 소중한 존재이며, 자녀들의 미래가 자신들에게 달려 있다는 사실을 깨달았으면 좋겠습니다. 청년의 시기에 미리 부모가 될 준비를 하고 행복한 가정을 이루고자 하는 청년들도 많아졌으면 좋겠습니다. 그리하여 철저하게 자기 자신을 되돌아보고, 하나님의 말씀으로 자녀를 양육하고자 하는 거룩한 열망을 가진 크리스천들이 많이 일어났으면 좋겠습니다. 진실로 이 시대는 하나님의 말씀으로 자녀를 훈련할 수 있는 부모를 필요로 하고 있습니다. 하지만 그런 부모들이 많지 않다는 데 저의 안타까움이 있습니다.

이 책을 읽고 나면 아마도 자녀교육을 새롭게 해야겠다는 마음이 들 것입니다. 사실 이 책에는 자녀교육의 모든 것이 담겨 있지 않습니다. 다른 자녀교육서와 함께 읽으면서 서로 보완할 수 있으면 이 책의 목적은 다 이루었다고 볼 수 있습니다. 이 책을 읽고 303비전이 궁금해지신 분들께는 '303비전성경암송학교'를 추천합니다. 303비전성경암송학교에서 여운학 장로님의 강의를 듣고 성경암송 실전에 임하여 자녀교육에 접목한다면 자녀에 대한 기대와 희망을 갖게 될 것입니다.

대한민국의 엄마들과 아이들을 위해 날마다 청년으로 살아오신 303비전장학회의 여운학 장로님 그리고 규장의 여진구 대표님과 졸저를 훌륭하게 다듬어주신 편집팀에게 깊은 감사의 인사를 드립니다.

자녀를 암송시킨 경험을 나누어달라는 요청에 기꺼이 응해주신 문창교회의 303비전 꿈나무 모범생 엄마, 이정숙 집사님과 황미라 집사님에게도 감사의 마음을 전합니다. 마지막으로 아내 이정미와 사랑스런 세 아이들에게 감사의 마음을 전합니다.

모두가 자녀교육이 어렵다고 말하는 이 시대에 자녀를 키우는 감격과 기쁨을 당당하게 외치는 부모들이 많이 일어나기를 소망하며 모든 영광을 하나님 아버지께 돌립니다.

C o n t e n t s

아무리 세상적인 능력이 많다고 해도
감히 하나님의 자녀를 양육할 수 있는 자격을 갖춘 사람은 없습니다.
이 사실을 깨달을 때 우리는 부모의 역할이
얼마나 감격적이고 보람 있는 일인지 알 수 있습니다.

1장

자녀교육,
이보다 더
좋을 수 없다

부모가 된다는 것의 재발견

신학대학원에 다니면서 중고등부 사역을 할 때였습니다. 학생들과 제자훈련을 하면서 "누구를 가장 사랑하느냐"라고 물어보았습니다. 이런 질문을 하면 대부분의 학생들은 이성을 사랑해본 경험이 없기 때문에 부모님을 제일 사랑한다고 대답합니다. 게다가 첫 학생이 부모님을 제일 사랑한다고 하면 나중에 대답하는 학생들도 거의 똑같이 말하지요.

그런데 한 아이가 자신은 사랑하는 사람이 없다는 것이었습니다. 앞에서 다른 학생들이 부모님을 사랑한다고 했는데도 말입니다. 저는 약간 긴장이 되었습니다. 그래서 조심스럽게 한 번 더 생각해보라고 한 뒤 대답을 기다렸습니다. 잠시 생각하던 그 아이는 이렇게 대답했습니다.

"강아지를 사랑해요."

저는 충격을 받았습니다. 강아지를 사랑한다고는 말할 수 있어도 부모를 사랑한다고는 말할 수 없는 그 아이를 보면서 절망했습니다.

놀랍게도 그 아이의 부모님은 교회 내에서 신앙이 좋다고 소문난 집사님들이었습니다. 따뜻하고 부드러운 인상을 소유한 친절한 분들이었지요. 게다가 재정적으로도 어려움이 없이 넉넉하게 살았습니다. 하지만 그 사건 이후에 저는 그 분들의 미소 뒤에 숨어 있는 어두움을 보았습니다.

저는 지금도 부모보다 강아지를 더 사랑한다는 그 학생을 생각하면 불쌍해서 견딜 수가 없습니다. 무엇이 그 아이로 하여금 부모보다 강아지를 더 사랑하게 했을까요?

아무리 재산이 많다 해도, 아무리 교회에서 인정을 받는다고 해도, 아무리 사회에서 성공했다고 해도 가정에서 자녀들로부터 존경받지 못하고 사랑받지 못하는 부모의 삶은 불행한 삶이요, 헛된 인생입니다.

아비들아 너희 자녀를 노엽게 하지 말고 오직 주의 교훈과

훈계로 양육하라 엡 6:4

의인의 아비는 크게 즐거울 것이요 지혜로운 자식을 낳은 자
는 그로 말미암아 즐거울 것이니라 잠 23:24

더 나아가 우리의 자녀가 그리스도의 제자로 잘 훈련되어 있지
않다면 나중에 하나님 앞에 나아갔을 때 떳떳하게 서 있을 수 없을
것입니다.

청년의 때는 부모가 될 준비를 하는 시기

저는 청년부 사역을 하면서 청년들로부터 "어떻게 하면 좋은 배
우자를 만날 수 있습니까?"라는 질문을 많이 받았습니다. 저의 대
답은 간단합니다.

"너 스스로가 그런 배우자가 되라."

진정으로 행복한 가정을 이루고 싶다면 좋은 아빠가 되기 위해,
좋은 엄마가 되기 위해, 좋은 남편이 되기 위해, 좋은 아내가 되기
위해 부지런히 준비해야 합니다.

많은 청년들이 미래의 배우자를 위해 기도합니다. 그만큼 배우
자에 대해 많은 기대를 하는 것이지요. 신앙 좋고, 성격 좋고, 잘생
기면 더 좋고, 돈까지 많으면 금상첨화입니다. 남녀에 따라 다소

차이가 있겠지만 형제들에게는 어느 것 하나 포기하기 힘든 조건입니다. 물론 겉으로는 신앙과 인격만 좋으면 된다고 말하지요. 하지만 실제로 그들을 만나 이야기를 하다보면 속마음은 그렇지 않다는 것을 알 수 있습니다. 심지어 어떤 형제는 "다른 것은 용서할 수 있어도 솔직히 못생긴 것만은 용서할 수 없다"라고까지 말합니다.

어떤 청년은 자신의 신앙은 별로 좋지 않으면서 미래의 배우자는 좋은 신앙을 가졌으면 좋겠다고 생각합니다. 또 어떤 청년은 자신의 인격은 생각하지도 않고 인격 좋은 배우자를 원합니다. 자신은 좋은 남편, 좋은 아내가 될 준비가 되어 있지 않으면서 자신의 배우자는 좋은 아내, 좋은 남편이 될 준비를 끝냈으면 좋겠다고 생각합니다. 하지만 이런 경우 정말 좋은 사람을 만나기가 쉽지 않습니다.

자신이 배우자를 선택하는 것 같지만 실제로는 상대방으로부터 자신이 선택받는 것입니다. 내가 먼저 프러포즈를 하더라도 상대방이 수락을 하느냐 안 하느냐의 문제가 남아 있습니다. 그렇기 때문에 신앙과 인격이 좋은 배우자를 만나고자 한다면 스스로가 신앙과 인격 면에서 준비되어 있어야 합니다.

너는 청년의 정욕을 피하고 주를 깨끗한 마음으로 부르는 자

청년부로 유명한 서울의 모 교회에서 사역을 하는 동안 저는 청년들을 대상으로 '행복한 가정 디자인하기' 라는 주제의 강의를 했습니다.

이 강의에 청년들이 공감을 하는 데는 많은 시간이 걸렸습니다. 청년들에게는 결혼을 해서 가정을 이루는 일보다 자신의 꿈과 목표를 향해 달려가는 일이 급선무이기 때문입니다. 특히 자매들의 경우, 제 강의를 들으면 마치 결혼하면 자녀를 낳아야 하고 자녀를 갖게 되면 무조건 직장을 포기해야 할 것 같은 부담감에 시달린다고 했습니다. 의대에 다니거나 나름대로 실력이 있고 사회생활에 많은 기대를 하고 있는 자매들은 거의 제 말을 한 귀로 듣고 한 귀로 흘리는 식이었지요.

청년들은 제 강의에서 남녀의 차이점을 이해하고 부부 간에 서로 존중하고 배려하는 기술 같은 것을 원했는지 모릅니다. 하지만 제 강의는 자녀교육과 관련된 것이었습니다. 게다가 어린이집이나 유치원 같은 기관에 자녀를 맡기지 말고 엄마가 가정에서 직접 자녀를 양육하며 암송교육으로 철저히 그리스도의 제자로 훈련해야 한다니 선뜻 마음의 문을 열기 어려웠을 것입니다.

제가 2년간의 청년부 사역을 마치고 사임하는 날 의대에 다니던 자매 한 명이 저에게 엽서를 주었습니다. 자세히 기억은 나지 않지만 그 내용은 대략, 훌륭한 의사가 되는 것이 자신의 꿈이었는데 제 강의를 듣고 좋은 엄마가 되는 것이 얼마나 소중하고 중요한 일인지 알게 되었다는 것이었습니다.

저는 이 자매가 훌륭한 의사가 될 뿐만 아니라 자녀교육에도 특별한 관심을 가지고 임할 것이라고 믿습니다. 또한 만약 의사라는 역할 때문에 좋은 엄마의 역할을 제대로 하지 못한다고 판단이 서면 훌륭한 의사보다는 좋은 엄마가 되는 길을 선택할 것이라고 기대하고 있습니다.

이렇듯 제가 아직 결혼하기까지 시간적 여유가 있는 대학생들에게 자녀교육을 끊임없이 강조했던 이유는 청년의 시기를 바라보는 저의 관점 때문입니다.

저는 청년의 시기를 '부모가 될 준비를 하는 시기'라고 생각합니다. 하지만 대부분의 사람들은 청년의 시기를 '열심히 공부하고 자신을 계발하여 사회에 이바지할 준비를 하는 시기'라고 외치고 있지요. 열심히 공부하고 열심히 사역에 헌신하라고 말입니다.

실제로 많은 크리스천 청년들이 취직과 미래를 위해 열심히 달려가고 있습니다. 하지만 정작 중요한 가정을 위한 준비는 하지 않습니다. 그저 막연히 배우자를 그려볼 뿐입니다. 그러다보니 더욱이 자녀교육은 먼 나라 이야기일 수밖에 없지요. 어쩌면 좋은 직장에 다니면 좋은 자매나 형제를 만날 수 있다는 생각이 그들을 그렇게 이끄는지도 모르겠습니다.

하지만 진정 현명한 사람은 무엇보다 먼저 행복한 가정을 준비하는 사람입니다. 대부분의 청년들은 배우자를 만나 결혼하여 한 가정을 이룰 것이고 자녀를 낳아 양육하게 될 것이기 때문입니다.

저는 청년의 시기에 반드시 이수해야 할 부모 예비 교육으로 크게 성경암송훈련, 인격훈련, 전도훈련을 꼽습니다. 왜 이러한 훈련을 해야 하는지는 뒷부분에서 자세히 언급하겠습니다.

청년이 무엇으로 그의 행실을 깨끗하게 하리이까 주의 말씀만 지킬 따름이니이다 시 119:9

믿음의 가정을 꿈꾸다

저는 어릴 적에 아버지를 매우 미워했습니다. 미워하는 정도가 아니라 증오하고 저주했습니다. 차라리 아버지가 죽어버렸으면 좋겠다고 생각한 적이 한두 번이 아니었습니다. 아버지는 술을 너무 좋아하셨고, 술만 먹었다 하면 술주정을 부리며 가족을 괴롭히는 암적인 존재였습니다.

이러한 가정에서 자란 자녀들은 하나님을 "아버지"라고 부르기가 쉽지 않습니다. 그들에게 아버지는 가정을 보호하고 책임지는 존재가 아니라 가족을 괴롭히는 존재이며, 차라리 안 계시면 더 좋을 존재이기 때문입니다. 그렇기 때문에 이러한 가정에서 자란 자녀들은 하나님을 "아버지"라고 부르는 것에 대한 감동과 감격과 기쁨이 없습니다.

하지만 분명 하나님께서 디자인하신 아버지의 본래 모습은 아내와 자녀를 사랑하며, 가장으로서 가족의 삶을 책임지고 희생하는 보호자요 피난처입니다.

> 이와 같이 남편들도 자기 아내 사랑하기를 자기 자신과 같이
> 할지니 자기 아내를 사랑하는 자는 자기를 사랑하는 것이라
>
> 엡 5:28

> 또 아비들아 너희 자녀를 노엽게 하지 말고 오직 주의 교훈
> 과 훈계로 양육하라 엡 6:4

그러한 아버지가 죄에 얼룩져서 본래 하나님께서 주신 아버지의 형상을 잃어버렸습니다.

저는 예수님을 영접하고 이 사실을 깨달은 뒤 아버지를 다르게 보기 시작했습니다. 본래의 모습을 회복하지 못하고 여전히 자녀들로부터 미움과 증오를 받는 아버지가 너무 안타까웠습니다. 그

래서 아버지의 모습이 어떠하든지 간에 제가 먼저 아버지를 용서하기로 결심하고 과감하게 용서했습니다. 그때부터 제 마음은 아버지를 증오하고 저주하는 것에서 불쌍히 여기는 것으로 바뀌었습니다.

저는 고등학교 2학년 때 처음 교회에 다니기 시작했습니다. 저를 전도하신 분은 최초의 제주도 출신 목사로 4·3사건* 당시 순교하신 이도종 목사님의 조카 되시는 이인신 권사님이셨습니다. 권사님은 주일 아침마다 저를 집으로 부르셔서 함께 가정예배를 드리고 아침을 먹게 하셨습니다.

"사철에 봄바람 불어 잇고 하나님 아버지 모셨으니 믿음의 반석도 든든하다 우리 집 즐거운 동산이라. 고마워라 임마누엘 예수만 섬기는 우리 집 고마워라 임마누엘 복되고 즐거운 하루하루."

이 찬양을 부를 때마다 제 마음은 희망과 절망 사이를 오갔습니다. 믿지 않는 가정에서 자랐기에 진실한 마음으로 공감할 수 없어 절망했고, 그럼에도 불구하고 이러한 가정을 향한 간절한 소망이 있었기에 찬양을 멈출 수 없었습니다.

교회에서 가족찬양경연대회가 있을 때마다 권사님은 저를 가족

* 1947년 3월 1일을 기점으로 하여 1948년 4월 3일 발생한 소요사태 및 1954년 9월 21일까지 제주도에서 발생한 무력충돌과 진압과정에서 주민들이 희생당한 사건을 말함('4·3특별법' 제2조)

의 일원으로 받아주셨습니다. 후에 알게 된 사실이지만 권사님은 저를 위해서 새벽마다 기도해오셨다고 합니다. 당신의 자녀들의 이름을 다 부르시고 나서 맨 마지막에 영적 아들인 저의 이름을 부르시면서 기도하셨다는 이야기를 전해 들었을 때 얼마나 감격하고 힘을 얻었는지 모릅니다.

하나님의 은혜로 장로회신학대학교 신학대학원에 합격한 날 권사님께 전화를 드리면서 저는 눈물을 흘리고 말았습니다. 친아들이 질투할 정도로 저를 위해 기도와 사랑을 아끼지 않으셨던 권사님께 너무 고맙고 감사했습니다.

예수님을 믿지 않는 가정에서 자랐지만 저는 이 권사님의 가정으로부터 많은 사랑과 은혜를 입으면서 행복한 가정에 대한 간절한 마음의 소원을 갖게 되었습니다. 그리고 하나님께서는 제가 기대했던 것보다 더 행복한 가정을 꿈꾸며 이루어가게 하셨습니다.

하나님께서 직접 디자인하신 가정

하나님께서 아브라함을 선택하신 이유

이 세상에 하나님께서 직접 설계하신 기관機關은 가정과 교회뿐입니다. 그만큼 가정이 소중하다는 뜻이겠지요. 하나님께서는 아무런 계획 없이 가정을 만드신 것이 아닙니다. 오히려 가정을 통하지 않고서는 모든 민족에게 복을 주시고자 하는 뜻을 이룰 수가 없기 때문에 정말 심혈을 기울여서 디자인하셨습니다.

성경은 최초의 인류 아담부터 시작해서 그 후손들의 이야기를 기록하고 있습니다. 그중 아담으로부터 아브라함까지의 계보를 살펴보면 아담, 셋, 에노스, 게난, 마할랄렐, 야렛, 에녹, 므두셀라, 라멕, 노아, 셈, 아르박삿, 셀라, 에벨, 벨렉, 르우, 스룩, 나홀, 데라,

아브라함순입니다.

그런데 이 많은 사람들 중에서 유대인들의 조상이라고 불리는 사람은 최초의 인간인 아담도 아니요, 300년간 하나님과 동행했다는 에녹도 아닙니다. 가장 오래 살았던 므두셀라도 아니고, 의인이요 당대에 완전한 자요 하나님과 동행했다고 기록되어 있는 노아도 아닙니다. 유대인의 조상은 바로 아브라함입니다.

그렇다면 하나님께서는 왜 아브라함을 선택하셨을까요? 창세기 18장 18, 19절의 말씀을 보면 그 이유를 알 수 있습니다.

아브라함은 강대한 나라가 되고 천하 만민은 그로 말미암아 복을 받게 될 것이 아니냐 내가 그로 그 자식과 권속에게 명하여 여호와의 도를 지켜 공의와 정의를 행하게 하려고 그를 택하였나니 이는 나 여호와가 아브라함에게 대하여 말한 일을 이루려 함이니라

자녀를 훈련하게 하시려고

먼저 하나님께서는 아브라함으로 하여금 그 자식과 가족들에게 명하여 여호와의 도를 지켜 공의와 정의를 행하게 하려고 그를 선택하셨습니다. 한마디로 말하면 아브라함이 자녀들을 제자훈련하게 하시려고 그를 택하셨다는 말입니다.

그렇다면 자녀를 제자훈련하는 것을 통해 하나님께서 이루시려는 목적은 무엇일까요? 하나님께서는 '아브라함이 강대한 나라가 되고 아브라함을 통하여 천하 만민이 복을 받게 될 것'이라고 말씀하셨습니다. 바로 하나님의 목적은 천하 만민에게 복을 주시는 것입니다.

후손을 번성하게 하시려고

'강대한 나라가 된다'는 말은 '후손이 번성케 된다'는 말과 일맥상통합니다.

창세기 12장 1절부터 3절까지의 말씀을 보면 하나님이 아브라함을 부르시는 장면이 나옵니다. 하나님은 아브라함에게 "너는 너의 고향과 친척과 아버지의 집을 떠나 내가 네게 보여줄 땅으로 가라"라고 말씀하시면서 엄청난 복을 약속하셨습니다.

> 내가 너로 큰 민족을 이루고 네게 복을 주어 네 이름을 창대
> 하게 하리니 너는 복이 될지라 창 12:2

아브라함을 통해 큰 민족을 이루시겠다는 것입니다. 그리고 이 약속은 단 한 번으로 끝나지 않습니다. 하나님은 아브라함을 이끌고 밖으로 나가 이렇게 말씀하셨습니다.

하늘을 우러러 뭇별을 셀 수 있나 보라 … 네 자손이 이와 같
으리라 창 15:5

하늘의 별처럼 아브라함의 후손들이 무수히 많을 거라고 약
속하신 것입니다. 또 하나님은 아브라함과 횃불 언약을 세우십
니다.

해가 져서 어두울 때에 연기 나는 화로가 보이며 타는 횃불
이 쪼갠 고기 사이로 지나더라 그 날에 여호와께서 아브람
과 더불어 언약을 세워 이르시되 내가 이 땅을 애굽 강에서
부터 그 큰 강 유브라데까지 네 자손에게 주노니 창 15:17, 18

유대인들은 자녀를 '하나님의 말씀을 맡은 자'로 여깁니다. 즉,
자녀는 부모로부터 하나님의 말씀을 배워서 그 말씀의 기업을 자
손 대대로 물려주는 존재입니다. 그래서 유대인들은 자녀를 낳을
수 있는 한, 힘이 닿는 대로 낳습니다. 그릇(자녀)이 없이는 말씀을
담을 수가 없고, 말씀을 담지 않고는 세세토록 하나님의 말씀이 전
수될 수 없기 때문입니다. 많이 낳으면 한 다스씩 낳기 때문에 가
족여행을 갈 때 15인승 승합차는 있어야 한다고 합니다.
　부흥은 무엇으로 시작됩니까? 어떤 사람은 회개로 시작된다고

말합니다. 어떤 사람은 성령의 강한 역사가 일어나야 한다고 말합니다. 하지만 저는 크리스천 가정이 자녀를 많이 낳아서 자녀를 제자로 훈련할 때 부흥이 시작된다고 믿습니다. 그것이 하나님의 거룩한 백성들이 번성하는 가장 좋은 방법이기 때문입니다. 자녀를 귀한 그릇이라고 생각하고 하나님의 말씀으로 잘 양육하면 자손 대대로 하나님의 말씀이 흥왕할 것입니다.

그렇다면 자녀를 낳고 싶지만 낳을 수 없는 불임부부들은 어떻게 하면 좋을까요? 저는 이 문제를 심각하게 생각해보았습니다. 아주 가까운 지인들 중에 불임부부가 있기 때문입니다. 안타까운 마음으로 그들을 지켜보던 어느 날, 저는 로마서 8장 15절을 암송하면서 놀라운 하나님의 은혜를 발견했습니다.

> 너희는 다시 무서워하는 종의 영을 받지 아니하고 양자의 영을 받았으므로 우리가 아빠 아버지라고 부르짖느니라 롬 8:15

저는 감히 하나님을 "아빠"라고 부를 수 없는 존재였습니다. 하지만 하나님께서 저를 양자 삼으셔서, 아빠라고 부를 수 있는 자격을 주셨습니다. 저는 이 사실을 깨닫고 입양을 해야겠다는 결심을 했습니다.

'하나님의 은혜를 받은 자로서 은혜를 베푸는 사람이 되어야겠

구나. 나를 아빠라고 부를 수 없는 아이들을 입양해서 아빠라고 부를 수 있게 해야겠구나.'

저는 입양 사역이 이 시대의 불임 문제를 해결하기 위한 하나님의 방법이라고 확신합니다. 하지만 불임부부들은 자신들이 과연 입양한 아이를 잘 키울 수 있을까 하는 두려움 때문에 입양을 주저합니다. 그래서 저는 제가 직접 아이를 입양하여 하나님의 말씀으로 온전히 키워서 입양을 해서도 얼마든지 훌륭한 인물로 키울 수 있다는 것을 보여주고 싶습니다. 그래서 불임부부들은 물론 많은 그리스도인들에게 입양을 권하는 사역을 하고 싶습니다.

제 아내는 부모 없는 아이들을 불쌍히 여기는 아주 단순하고 선한 마음으로 저의 입양 제안에 동의를 했습니다. 현재 상담을 거쳐 입양 신청을 했고 가을쯤에 남자아이가 저희 가정의 일원이 될 것으로 기대하고 있습니다.

여기에서 중요한 것은 자녀를 낳을 수 있는 대로 힘껏 낳아서 양육하든지 아니면 자녀를 입양하여 양육하든지 간에 자녀를 하나님의 말씀을 맡은 자로 키워서 후손을 번성케 해야 한다는 것입니다.

🕊 열방에게 복을 주시려고

출애굽기 19장 5, 6절에서 하나님은 모세를 시내산으로 부르시고 이렇게 말씀하십니다.

세계가 다 내게 속하였나니 너희가 내 말을 잘 듣고 내 언약
을 지키면 너희는 모든 민족 중에서 내 소유가 되겠고 너희
가 내게 대하여 제사장 나라가 되며 거룩한 백성이 되리라
너는 이 말을 이스라엘 자손에게 전할지니라

제사장의 역할은 백성들과 하나님과의 관계를 회복시키는 것입
니다. 제사장이 없으면 이스라엘 백성들은 하나님께 제사를 드릴
수 없습니다. 제사를 드릴 수 없으면 당연히 죄의 문제도 해결하지
못합니다. 마찬가지로 제사장 나라의 역할은 모든 민족을 하나님
께로 돌아오게 하는 것입니다.

하나님께서 이스라엘을 제사장 나라로 선택하신 이유는 이스라
엘 민족이 특별해서가 아닙니다. 그들이 우월해서도 아닙니다. 단
지 모든 민족을 하나님께로 돌아오게 하기 위해서 그들을 선택하
신 것입니다. 그리고 모세를 불러서 이 사실을 명확하게 이스라엘
백성에게 전하고 다짐을 받습니다. 출애굽기 19장 7절부터 11절까
지의 말씀을 보면 그 장면이 생생하게 묘사되어 있습니다.

모세가 내려와서 백성의 장로들을 불러 여호와께서 자기에
게 명령하신 그 모든 말씀을 그들 앞에 진술하니 백성이 일제
히 응답하여 이르되 여호와께서 명령하신 대로 우리가 다 행

하리이다 모세가 백성의 말을 여호와께 전하매 여호와께서
모세에게 이르시되 내가 빽빽한 구름 가운데서 네게 임함은
내가 너와 말하는 것을 백성들이 듣게 하며 또한 너를 영영히
믿게 하려 함이니라 모세가 백성의 말을 여호와께 아뢰었으
므로 여호와께서 모세에게 이르시되 너는 백성에게로 가서
오늘과 내일 그들을 성결하게 하며 그들에게 옷을 빨게 하고
준비하게 하여 셋째 날을 기다리게 하라 이는 셋째 날에 나
여호와가 온 백성의 목전에서 시내산에 강림할 것임이니

모세로부터 "너희가 내 말을 잘 듣고 내 언약을 지키면 너희는
모든 민족 중에서 내 소유가 되겠고 너희가 내게 대하여 제사장 나
라가 되며 거룩한 백성이 되리라"라는 말을 전해들은 이스라엘의
장로들과 백성들은 일제히 하나님이 말씀하신 대로 행하겠다고
약속을 합니다. 그때 비로소 하나님께서 시내산에서 십계명을 주
십니다(출 20:1~17).
　하지만 이스라엘 민족을 통해 모든 민족에게 복을 주시려고 하
셨던 하나님의 거룩한 열망과 기대는 이스라엘의 잘못된 선민의
식에 의해 좌절되고 말았습니다. 이스라엘은 자기 민족은 하나님
의 율법을 가진 하나님의 백성으로, 이방인들은 하나님께 버려진
민족으로 거의 개처럼 여겼습니다.

하지만 율법을 폐하러 오지 않고 율법을 완전하게 하기 위해 오신 분(마 5:17)이신 예수님께서 왜곡된 하나님의 율법을 다시 고쳐 주셨습니다. 이제 모든 열방에게 복을 주시고자 하시는 하나님 열망과 기대는 예수님에 의해 제자들에게 바르게 전달됩니다.

> 그러므로 너희는 가서 모든 민족을 제자로 삼아 아버지와 아들과 성령의 이름으로 세례를 베풀고 내가 너희에게 분부한 모든 것을 가르쳐 지키게 하라 마 28:19, 20

그리고 이 열망은 다시 사도 베드로에 의해 교회 공동체에 전달됩니다.

> 너희는 택하신 족속이요 왕 같은 제사장들이요 거룩한 나라요 그의 소유가 된 백성이니 이는 너희를 어두운 데서 불러내어 그의 기이한 빛에 들어가게 하신 이의 아름다운 덕을 선포하게 하려 하심이라 벧전 2:9

이스라엘을 제사장 나라로, 거룩한 백성으로 삼으신 하나님께서 이제 영적 이스라엘인 우리를 왕 같은 제사장이요 거룩한 나라요 그의 소유된 백성으로 삼으시고 우리를 통해 열방이 복 받기를 원하고 계십니다. 그리고 그 시작은 바로 가정에서 이루어집니다.

왕 같은 제사장으로서 하나님의 아름다운 덕을 선포하기 위해 우리가 일궈야 할 가정의 모습은 다음과 같습니다.

❦ '아빠'는 '하나님 아빠'의 축소판

첫째, '아빠'를 통해 '하나님 아빠'의 성품을 느낄 수 있는 가정입니다.

우리는 교회에서 성경공부를 통해 하나님이 어떤 분이신지 지식적으로 배웁니다. 하지만 가정에서 아빠의 모습을 통해 하나님의 성품을 체득한 아이들은 하나님을 향해 "아빠"라고 부를 때 감격의 눈물까지 흘립니다. 마치 군대 간 아들이 어머니의 이름을 부르며 눈물을 흘리는 것처럼 말입니다. 그렇기 때문에 아버지들은 자신이 바로 하나님의 그림자임을 깨닫고 온 힘을 다해 자녀들에게 하나님의 성품을 보여주어야 합니다.

저는 아이들과의 약속은 무슨 일이 있어도 지키려고 노력합니다. 아빠가 약속을 지키느냐 안 지키느냐에 따라 아이들이 하나님을 믿는 정도가 달라지기 때문입니다. 그래서 아이들과의 약속은 다른 어떤 일보다도 중요합니다. 한편 제가 약속을 지킬 때마다 항상 아이들에게 다짐을 받습니다.

"아빠가 약속을 지켰어요. 약속은 지키는 거예요."

그래서 우리 아이들의 머릿속에는 '약속은 반드시 지키는 것'이라는 개념이 잡혀 있습니다. 그리고 이 개념은 아이들이 부모의 말에 순종할 수 있는 좋은 밑바탕이 됩니다. 예를 들어 아이들이 제 말을 듣지 않으면 "약속을 지키세요"라고 말합니다. 그러면 곧 잘못을 인정하고 순종하는 모습을 보입니다.

한번은 아침에 교회에 출근하면서 아들과 교회에 있는 하모니카를 가지고 오기로 약속했습니다. 그런데 그날 저녁 하모니카를 깜박 잊어버리고 퇴근했습니다. 집 앞에 도착해서 현관문 손잡이를 잡는 순간 아들과의 약속이 떠올랐습니다. 그리고 그 즉시 교회로 돌아가서 하모니카를 가지고 왔지요.

물론 아들에게 미안하다고 말하고 다음에 가지고 와도 그리 큰 문제가 되지는 않았을 것입니다. 아들도 충분히 저를 이해해줬을 것입니다. 하지만 저는 약속을 지키기 위해 집 앞에서 발걸음을 돌렸습니다. 그 이유는 제 행동 하나하나가 하나님 아버지의 성품과 곧바로 연결되기 때문입니다. 이런 제 모습을 보고 자란 아이들은 훗날 "하나님은 신실하시다"라는 고백을 진심으로 할 수 있을 것입니다.

한 번은 교회에서 젊은 아빠들을 대상으로 '자녀교육과 아빠의 역할'이라는 주제의 세미나를 연 적이 있었습니다.

강의가 끝나자 한 집사님이 저에게 질문을 했습니다. 초등학교 1학년과 5학년인 두 딸이 있는데 작은아이는 지금부터라도 배운 대로 양육하면 되겠는데, 큰아이는 이미 자신의 말을 잘 듣지 않아서 어떻게 해야 할지 잘 모르겠다는 것이었습니다. 그래서 저는 그분에게 이렇게 권면했습니다.

"먼저 아빠의 역할을 제대로 하지 못한 것에 대해 딸에게 사과하십시오. 딸은 아빠가 하나님의 말씀으로 자신을 잘 양육해주기를 진정으로 바랐을 것입니다. 하지만 그렇게 하지 못했기 때문에 먼저 딸에게 미안하다고 용서를 구하셔야 합니다. 그리고 이렇게 부탁하세요. '지금까지는 내가 아빠로서 어떻게 해야 할지 몰랐는데 이제는 정말 너를 하나님의 말씀으로 제대로 양육하고 싶고 정말 좋은 아빠가 되고 싶어. 그러니 이제부터 아빠를 새롭게 지켜봐주렴.' 그리고 온 가족이 암송가정예배를 드리세요."

저는 여운학 장로님으로부터 '스승의 날을 새롭게, 어버이날을 새롭게 하라'는 가르침을 받았습니다. 스승의 날은 스승으로서 축하받을 자리가 아니라 오히려 자신이 정말 하나님의 말씀으로 학생들을 제대로 양육했는지 되돌아보면서 회개하는 날이라는 것입니다. 장로님의 그 가르침이 얼마나 제 마음을 울렸는지 모릅니다.

어버이날도 마찬가지입니다. 어버이날은 자녀들로부터 공경을 받는 자리가 아닙니다. 오히려 어버이날은 우리에게 선물로 주신 하나님의 자녀를 정말 하나님의 말씀으로 잘 양육했는지, 하나님의 뜻대로 키웠는지 되돌아보고 그렇게 하지 못했음을 회개하는 날이어야 합니다. 그리고 혹시 자녀들에게 아픔을 주지 않았는지, 부모로서 잘못한 것은 없는지 자녀들에게 용서를 구하는 날이어야 합니다.

❦ 자녀는 부모의 거울

둘째, 자녀를 통해 하나님 아버지의 마음을 알아가는 가정입니다.

부모들은 자녀를 키우면서 하나님의 마음을 알아갑니다. 자녀가 아파서 고통스러워하면 부모의 마음은 자녀보다 더 큰 고통을 느낍니다. 이때 크리스천 부모라면 자신이 힘들어하고 아파할 때 하나님 아버지께서는 얼마나 더 아파하시고 고통스러워하실까 짐작할 수 있습니다.

또 자녀들을 키우다보면 자녀들이 항상 부모의 말을 잘 듣지 않는다는 사실을 뼈저리게 경험합니다. 하루는 5살 난 둘째 딸 조이가 제 말을 듣지 않자 마음에 분노가 치밀어 올랐습니다. 순종을 가르치고자 했던 저는 아이에게 화를 내며 하지 말아야 할 말을 하고야 말았습니다.

"조이가 아빠의 말을 듣지 않았기 때문에 아빠도 조이 말을 듣지 않을 거야. 이제부터 아빠는 아무 말도 하지 않을 거니까 조이도 아빠한테 말하지 마!"

저는 아이와 말을 하지 않기로 단단히 마음먹고 방에 들어와버렸습니다. 좌절감이 밀려왔습니다. 그때 방에 혼자 있는 내게 하나님께서 이렇게 말씀하셨습니다.

"아들아, 왜 이렇게 화를 내느냐?"

"조이가 제 말을 듣지 않았습니다. 조이에게 순종을 가르치기 위해 교육적으로 일부러 화를 낸 건데 화를 내다보니 정말 화가 났습니다."

"아들아, 이제 알겠느냐. 네가 나에게 불순종하고 내 말을 듣지 않았을 때 내가 얼마나 화가 났는지 말이다. 네가 나의 말을 듣지 않았을 때 나도 너처럼 문을 닫고 너와 말하고 싶지 않았단다."

저는 주님의 말씀을 듣고 얼마나 감사했는지 모릅니다. 저는 지금도 자녀를 키우면서 하나님 아버지의 기쁨과 슬픔, 분노, 아픔, 행복, 사랑 등의 감정을 느끼고 있습니다. 이처럼 자녀를 키우다보면 즐거운 일도 슬픈 일도 있지만 모든 일을 통해 하나님 아버지의 마음을 깨달을 수 있습니다.

셋째, 말씀으로 하나 되는 가정입니다.

여기서 말씀으로 하나가 된다는 말은 추상적인 개념이 아닙니다. 부모와 자녀가 동일한 성경구절을 읽고 암송하는 것을 말합니다.

차를 타고 여행하다가 온 가족이 함께 요한복음 15장을 암송하고, 시편 23편을 암송한다고 생각해보십시오. 그리고 그 모습을 상상해보십시오. 온 가족이 동일한 말씀을 암송하게 되면 말씀으로 하나가 된다는 것이 무엇인지 알 수 있을 것입니다.

네 집 안방에 있는 네 아내는 결실한 포도나무 같으며 네 식탁에 둘러앉은 자식들은 어린 감람나무 같으리로다 여호와를 경외하는 자는 이같이 복을 얻으리로다 시 128:3, 4

자녀를 키우는 감격과 기쁨 맛보기

저에게는 세 명의 아이들이 있습니다. 아이를 키우는 것이 얼마나 행복하고 즐거운지 하나를 키우다보면 둘째를 갖고 싶고, 둘째를 키우다보면 셋째 아이는 어떻게 생겼을까 궁금해지고, 셋째를 키우다보면 자연스레 넷째 아이가 기다려집니다.

그런데 아내가 혼자 세 아이를 데리고 밖에 나가면 지나가던 사람들이 두 가지 반응을 보인다고 합니다. 하나는 부럽다는 반응이고, 다른 하나는 대단하다는 반응입니다. 아이 하나 키우는 것도 만만치 않은 세상인데 셋을 키우니 얼마나 힘들겠느냐는 것입니다. 어떻게 보면 '대단하다'는 말은 '불쌍하다'의 다른 표현인 것 같습니다.

사람들이 말하는 것처럼 실제로 요즘은 아이 하나 키우는 것도 쉽지 않습니다. 세상이 아이를 제대로 키울 수 없는 환경으로 바뀌고 있기 때문입니다.

삭막한 아스팔트에서 자라는 아이들

지금 우리 아이들은 아스팔트·아파트 세대입니다. 아스팔트와 아파트의 삭막한 환경 속에서 흙을 만지지 못하고 자라나는 아이들과 과거 우리 부모 세대의 모습을 비교해보십시오.

저는 좋은 환경 속에서 자랐습니다. 산에 가서 지네도 잡고, 그러다가 목이 마르면 계곡물을 마시기도 했습니다. 누나와 함께 고사리를 꺾기도 하고, 웅덩이에서 발가벗고 헤엄도 치고, 강가에서 작살이나 대나무로 만든 낚싯대를 사용해 물고기를 잡아보기도 했지요.

밭은 그 자체가 놀이터였습니다. 친구들과 함께 놀다보면 하루가 금방 지나갔지요. 물론 생활은 가난하고 어려웠지만 호연지기(浩然之氣, 거침없이 넓고 큰 기개)나 성품발달 측면에서는 아스팔트와 아파트에서 자라는 아이들과는 비교가 되지 않았다고 생각합니다. 딱딱하고 차가운 기운이 도는 아스팔트 속에서 우리 아이들의 심성이 어떻게 될지 심히 걱정이 됩니다.

치열한 경쟁을 강요받는 아이들

우리 아이들은 아주 어릴 적부터 친구들과 경쟁해서 이길 것을 강요받고 있습니다. 어떤 부모들은 남과 경쟁해서 이겨야 한다고 가르치는 것을 당연하게 생각합니다. 하지만 그런 부모 밑에서 자라는 아이들은 부모의 눈치를 보게 되고, 부모의 기대치에 맞추기 위해 엄청난 스트레스를 받게 됩니다.

사실 우리는 자녀에게 경쟁에서 이기라고 강요할 필요가 전혀 없습니다. 남과의 경쟁에서 이기고 싶은 것이 인간의 자연스러운 심리이기 때문입니다. 그런데도 우리 부모들은 치열한 경쟁을 강요하고 있습니다.

이 문제는 단지 부모들만의 문제가 아닙니다. 사회에서 먼저 경쟁을 부추기고 있지요. 아이들은 초등학교 때부터 획일적인 평가에 의해 우열이 가려집니다. 선행학습을 하지 않은 아이들은 마치 저능아가 된 것 같은 기분을 느끼기도 합니다. 중고등학교에서도, 대학교에서도 경쟁은 치열합니다.

거의 대부분의 대학교가 상대평가로 성적을 매깁니다. 내가 아무리 시험 점수가 좋아도 친구들의 성적이 더 좋으면 좋은 학점을 받을 수가 없습니다. 내가 좋은 성적을 받기 위해서는 친구들이 시험을 잘 보지 못해야 하는 것입니다. 철저한 경쟁구도입니다. 대학을 졸업하고 직장에 다닐 때도 이것은 마찬가지입니다.

친구와 동료를 이겨야만 성공할 수 있는 이 경쟁사회에서 어느누구도 자유로울 수 없습니다. 이러한 세대를 사는 우리 아이들이참으로 안타깝습니다.

🌱 태어나자마자 어린이집에 맡겨지는 아이들

"배우자를 선택할 때 직장에 다니는 여성과 직장에 다니지 않는 여성 중 누구를 선택하겠는가?"

아마 요즘 젊은 남자들에게 이런 질문을 던진다면 대부분이 전자를 선택할 것입니다. 요즘은 남자 혼자 벌어서는 넉넉한 생활을유지할 수 없기 때문입니다.

혹 남자가 아내의 직장 생활을 원하지 않아도 여성이 사회생활을 하고 싶어 하는 경우도 있습니다. 대학까지 나온 자신의 지식이아깝기도 하고, 여성으로서 꼭 이루고 싶은 꿈과 목표가 있기 때문입니다. 아이를 키우기 위해 직장을 그만두는 순간, 자신의 인생은끝이라는 두려움 때문이기도 합니다. 물론 어떤 여성들은 남편의수입만으로는 생활하기가 어려워서 일부러 직장에 다닙니다.

이러저러한 이유로 맞벌이 부부가 많아지면서, 이제는 전업주부인 엄마들이 무능한 여자라는 인식이 생길 정도입니다. 게다가주위를 둘러보십시오. 어린이집과 유치원들이 수두룩합니다. 주위에 어린이집이나 유치원에 가지 않는 아이들이 몇 명이나 있습

니까? 심지어 맞벌이를 하지 않는 부모들조차도 아이들을 어린이
집이나 유치원에 보냅니다. 자기 자녀들만 뒤쳐지는 것 같기 때
문입니다.

태어나자마자 엄마 품이 아니라 어린이집에 맡겨지는 아이들의
모습을 상상해보십시오. 본래 아이들은 엄마가 젖을 먹이며 양육
하도록 창조되었습니다. 이 창조의 질서대로 아이를 키워야 아이
들이 바르게 자랍니다.

> 실로 내가 내 영혼으로 고요하고 평온하게 하기를 젖 뗀 아
> 이가 그의 어머니 품에 있음 같게 하였나니 내 영혼이 젖 뗀
> 아이와 같도다 시 131:2

현재 국가에서 여러모로 보육정책을 많이 마련하고 있습니다.
그럼에도 불구하고 국가적으로 손해를 보는 보육정책을 꼽으라고
한다면 저는 생활이 어려운 맞벌이 부부에게 보육비를 지원해서
자녀들을 어린이집에 맡기도록 하는 정책이라고 생각합니다. 차
라리 생활이 어려운 가정은 부모가 가정에서 아이들을 양육할 수
있도록 양육비를 지원하는 것이 낫습니다. 어린아이들이 어린이
집에 하루 종일 맡겨지는 것보다 엄마의 손에서 정서적으로 편안
하게 자라는 것이 국가적으로 더 이득이기 때문입니다.

어린이집에 자녀를 맡기고 맞벌이를 하는 부부들은 자녀에게 사랑과 관심을 충분히 주지 못했다는 죄책감에 시달립니다. 그러다보니 자연스럽게 자녀들의 손에 돈이나 선물을 쥐어줍니다. 아이가 받지 못한 사랑과 관심을 돈으로 보상해주려는 것입니다.

하지만 그렇게 자라난 아이들은 너무나 빨리 돈의 위력을 알게 됩니다. 돈이면 뭐든지 할 수 있다는 가치관이 생기는 것이지요. 처음에는 엄마아빠의 사랑을 받고 싶었고 엄마아빠가 무엇보다 중요했지만 나중에는 엄마아빠는 없어도 돈은 없으면 안 된다고 생각합니다. 부모가 자신도 모르는 사이에 자녀들에게 황금만능주의를 심어준 것입니다.

🌱 인터넷 게임과 음란물에 중독된 아이들

중학생이나 고등학생 자녀를 둔 부모님들은 잘 알고 있을 것입니다. 인터넷 게임에 중독된 청소년들은 폐인이 됩니다. 인터넷 게임에 중독된 아이 치고 공부 잘하는 아이는 없습니다. 아무리 공부 잘했던 아이들도 인터넷 게임에 빠지기 시작하면 성적이 떨어집니다. 책상에 앉으면 게임이 떠오르니 집중이 안 되는 것입니다. 게임의 중독성은 어른들도 극복하기 어렵습니다.

부모님들에게 청소년들이 공부하는 데 제일 방해되는 것은 무엇인지 꼽으라고 하면 보통 '이성 친구'를 꼽습니다. 하지만 저는 이성 친구보다 더 경계해야 할 것이 인터넷 게임이라고 생각합니다. 이성 친구는 헤어질 수 있는데 인터넷 게임은 끊을래야 끊을 수 없기 때문입니다. 하물며 6, 7살 된 아이들이 인터넷 게임에 중독되었다고 생각해보십시오. 인터넷 게임 중독은 우리 아이들을 폐인으로 만드는 무서운 적임을 기억해야 합니다.

게다가 인터넷 음란물은 더 이상 설명하지 않아도 아이들의 건강한 성장을 저해하는 대표적인 것으로, 우리 주변에 아주 밀접하게 퍼져 있습니다. 부모가 맞벌이하러 나간 사이에 자녀들이 인터넷 음란물을 마음껏 본다고 생각해보십시오.

대부분의 부모들은 자기 아이만은 정말 착하다고 생각합니다. 내 아이는 절대로 음란물을 보지 않을 것이라고 믿고 있습니다. 하지만 그 착한 아이가 친구들의 영향을 받지 않을 것이라고 어떻게 장담하십니까?

지금까지 설명한 것처럼 이 시대에 자녀들을 바르게 양육하기란 너무 어렵고 힘이 드는 일입니다. 그래서 그런지 기쁨과 감사함으로 자녀를 양육하는 부모를 쉽게 찾아볼 수 없습니다. 그렇다면 자녀를 하나님의 선물로 받아 양육하는 우리 크리스천 부모들은 어떻습니까? 하나님의 자녀를 키우는 것을 최고의 영광으로 알고 감격하며 살아야 하지 않겠습니까?

> 보라 자식들은 여호와의 기업이요 태의 열매는 그의 상급이
> 로다 젊은 자의 자식은 장사의 수중의 화살 같으니 이것이 그
> 의 화살통에 가득한 자는 복되도다 그들이 성문에서 그들의
> 원수와 담판할 때에 수치를 당하지 아니하리로다 시 127:3~5

내 자녀의 진짜 정체성을 발견하라

아이를 키우는 것을 가장 큰 기쁨과 영광으로 알고, 감격함으로
자녀를 양육하기 위해서는 먼저 자녀의 정체성을 명확하게 인식
하고 정직하게 고백하는 것이 필요합니다.

나의 자녀가 아닌 하나님의 자녀

대부분의 크리스천 부모들은 '자녀는 나의 자녀가 아니라 하나
님의 자녀'라는 사실을 인정합니다. 하지만 진심으로 고백하지는
못합니다. 지식적으로만 알고 있을 뿐입니다.

진정으로 고백할 수 있다면, 하나님께서 부모의 권리를 포기하
라고 하실 때도 포기할 수 있어야 합니다. 하나님의 명령에 따라
아들 이삭을 죽이려고 했던 아브라함처럼 말입니다.

《당신의 자녀도 거장이 될 수 있다》라는 책을 쓰신 김다윗 목사

님의 이야기입니다. 목사님은 심방 도중에 충격적인 소식을 듣습니다. 둘째 아들이 사고를 당해서 병원에 실려 갔다는 것이었습니다. 목사님은 병원으로 달려가서 싸늘하게 죽은 아들의 시신을 목격하자마자 그 자리에 무릎을 꿇었습니다. 그리고 아들의 머리에 손을 얹고 이렇게 기도했습니다.

"하나님 아버지 감사합니다. 아들 다윗이 죽은 이 상황에서도 내가 부를 수 있는 아버지 당신이 계셔서 감사합니다."

하나님 나의 아버지께서 나를 위하여 자신의 자녀인 다윗을 보내주시어 하나님의 아이를 양육하는 기쁨을 5년 7개월 동안 주시고 이제는 당신의 나라로 데려가시는 그분의 사랑을 깨닫게 된 것이었다. 김다윗, 《당신의 자녀도 거장이 될 수 있다》 중에서

목사님은 둘째 아들의 장례식 설교를 마치고 난 후에 남은 두 아들과 함께 손을 높이 들고 〈왕이신 나의 하나님〉을 노래했다고 합니다.

"왕이신 나의 하나님 내가 주를 높이고 영원히 주의 이름을 송축하리다."

진정으로 김다윗 목사님은 자신에게 있는 자녀가 나의 자녀가 아니라 하나님의 자녀라는 사실을 인정하고 가슴으로 고백하신 분입니다.

우리는 어떻습니까? '나의 자녀가 아니라 하나님의 자녀'라고 진실하게 고백할 수 있습니까? 만일 그렇다면, 감격 없이 자녀를 양육한다는 것은 불가능한 일입니다. 하나님께서 하나님의 자녀를 양육할 수 있는 놀라운 특권을 주셨는데 감격하지 않을 사람이 어디 있겠습니까?

저는 아이들을 부를 때 "하나님의 아들 빈", "하나님의 딸 조이"라고 부릅니다. 저뿐만 아니라 많은 크리스천 부모들이 이렇게 부르고 있을 것입니다. 하지만 그 이유는 다릅니다.

대다수의 크리스천 부모들은 자녀들에게 정체성을 심어주기 위해 교육적으로 "하나님의 아들", "하나님의 딸"이라고 반복해서 부르는 경우가 많습니다. 하지만 저는 제 자신을 향해 선포하는 것입니다. 이 아이들이 하나님의 아들딸이라는 사실을 매 순간 잊지 않기 위해서 말입니다. 우리는 이 사실을 날마다 가슴에 새겨야 합니다. 그리고 두렵고 떨리는 마음으로 우리 자녀들을 하나님의 자녀답게 키워야 합니다.

옛날 어느 나라에 충성스런 신하가 있었습니다. 어느 날 그 나라에 반란이 일어났습니다. 이 사실을 알고 왕은 자신의 가장 충성스런 신하를 부릅니다. 그리고 갓 태어난 왕자를 신하에게 맡기면서 반드시 왕자를 잘 키워서 훗날을 도모하라고 부탁합니다. 반란군이 왕을 죽이고 모든 왕족을 다 죽였을 때 충성스런 왕의 신하는 갓 태어난 왕자를 안고 왕궁을 탈출했습니다.

산속에 들어간 신하는 농사를 지으면서 왕자를 자신의 아들로 키웠습니다. 낮에는 농사를 짓고 저녁에는 항상 아들에게 학문을 가르쳤습니다. 농사에 관련된 것만 아니라 세상의 모든 학문과 병법을 다 가르쳤습니다.

아들을 향한 아버지의 열정은 거기에서 멈추지 않았습니다. 농사꾼 아버지는 아들에게 무술을 가르쳤습니다. 아들이 "농사꾼인 내가 모든 학문과 병법과 무술을 배운들 무슨 소용이 있느냐"라며 따질 때마다 엄하게 꾸짖으며 아들에게 왕궁에서 배울 수 있는 모든 것을 가르칩니다. 아들은 이해가 되지 않았지만 아버지가 너무나 진지하게, 그리고 엄하게 가르쳤기 때문에 어쩔 수 없이 순종하여 다 배웁니다.

드디어 아들이 장성하자, 아버지는 아들 앞에 무릎을 꿇고 아들을 향하여 "주군"이라 부르며 비로소 아들이 누구인지 밝힙니다.

"당신은 저의 아들이 아니라 이 나라 왕의 아들입니다. 이제 다시 세상에 나가 왕의 나라를 되찾으십시오. 이 나라는 당신의 나라입니다."

충성스런 신하는 비록 농사를 지으면서 아들을 키웠지만 농사꾼이 아닌 한 나라의 왕자로 키웠습니다. 왕자는 산속에서 왕자로서 익혀야 할 모든 학문과 병법과 무술을 익히고 왕의 자녀로 자란 것입니다.

그렇다면 우리는 어떻습니까? 왕의 자녀를 맡은 충성스러운 신하처럼 자녀를 하나님의 자녀로 여기고, 왕의 자녀가 배워야 할 모든 것을 다 가르치고 있는지 되돌아봐야 합니다.

❤️ 공로 없이 거저 받은 하나님의 선물

자녀는 '하나님의 선물' 입니다. 시편 127편 3절은 자녀에 대해 이렇게 말하고 있습니다.

> 보라 자식들은 여호와의 기업이요 태의 열매는 그의 상급이로다

'기업' 이란 하나님께서 이스라엘 열두 지파에게 분배하신 약속의 땅을 말합니다. 아무런 자격이 없는 이스라엘 백성에게 거주할 땅을 선물로 주신 것처럼 하나님께서는 아무런 자격이 없는 우리에게 그분의 자녀를 선물로 주셨습니다.

우리에게 키울 수 있는 능력이 있어서 주신 것이 아닙니다. 아무리 세상적인 능력이 많다고 해도 감히 하나님의 자녀를 양육할 수 있는 자격을 갖춘 사람은 없습니다. 이 사실을 깨달을 때 우리는 부모의 역할이 얼마나 감격적이고 보람 있는 일인지 알 수 있습니다.

장사의 손에 들린 화살처럼 능력 있는 존재

우리에게 있는 자녀는 장사의 손에 있는 화살과 같은 존재입니다. 시편 127편 4절은 이렇게 말합니다.

> 젊은 자의 자식은 장사의 수중의 화살 같으니

장사의 손에 들린 화살은 사나운 맹수도 쏘아 죽일 수 있는 능력이 있습니다. 그렇다면 우리는 우리에게 주신 하나님의 자녀를 맹수도 쏘아 죽일 수 있는 능력 있는 존재로 키우고 있습니까? 아니면, 아궁이에 던져질 땔감 같은 존재로 키우고 있습니까?

우리에게 있는 자녀들이 화살이라면 우리 부모들은 궁수입니다. 화살은 궁수가 쏘는 대로 날아갑니다. 하늘을 향해서 쏘아 올리면 하늘로 날아가고 땅을 향해 쏘면 땅에 처박힙니다. 부모가 어떤 목적과 비전을 갖고 자녀를 양육하느냐에 따라서 아이들의 미래가 달라진다는 말입니다.

자녀를 장사의 손에 있는 화살처럼 능력 있는 존재로 키우겠다는 목적과 비전을 가지십시오. 그때 비로소 떨리는 사명감으로 자녀를 양육하는 기쁨과 감격을 누리게 될 것입니다.

부모가 자녀의 구원의 확신을 점검하고,
구원의 확신이 불분명한 자녀들에게는 성경을 가르치는 가정,
기도를 가르치고, 성령충만의 방법을 가르치고, 더 나아가
자녀들이 전도자가 될 수 있도록 전도를 훈련하는 가정,
이것이 바로 제가 꿈꾸는 가정의 모습입니다.

2장

자녀를
그리스도의 제자로
훈련하라

믿음의 명가 名家 만들기

저는 요즘 서울의 한 전통 있는 교회가 '믿음의 대를 이어가는 교회' 라는 표어 아래 실시하고 있는 교육혁신프로젝트를 매우 관심 있게 지켜보고 있습니다. 2010년까지 교회재정 및 행정의 모든 역량을 교육 전반적인 부분에 집중투자하겠다는 것입니다.

이를 위하여 이 교회는 교회학교가 부흥하고 있는 몇몇 국내 교회를 탐방하여 그 교회의 주요 특징, 교회학교 조직도, 예배 및 프로그램, 문화, 레포츠, 교역자, 교사, 소그룹 공과 교재, 특별 시설 등을 살피고 자신들의 교회가 변화되어야 할 부분에 대해 심각하게 고민하고 연구했습니다.

또한 교회 내 교육환경을 조성하기 위해 건축 전문가들과 함께 미국의 로스앤젤레스, 댈러스, 애틀랜타, 시카고에 있는 12개의 교회를 방문하여 교육철학 및 교육 시설을 집중적으로 조사했습니다.

사실 이 교회는 교회학교 인원이 약 5,000명이며, 교사만 해도 1,000명이 넘는 대형교회입니다. 그럼에도 불구하고 교육혁신프로젝트를 수립하고 수백억 원이라도 투자하겠다는 것은 이들의 욕심일까요, 아니면 겸손일까요?

저는 이 교회의 교육부를 담당하고 있는 목사님으로부터 다음과 같은 이야기를 들었습니다.

"이대로 가면 한 세대가 지난 후 교회학교가 몰락할 것이라는 위기의식과 절박감 때문에 교육혁신프로젝트를 수립하게 되었습니다."

저는 이 말을 듣고 이 교회가 미래에 대한 안목과 비전이 있다는 것을 확신했습니다.

다음 세대에 대한 비전과 안목은 교회의 리더십에게만 필요한 것이 아닙니다. 부모들이 비전과 안목을 갖는 것이 더욱더 중요합니다. 왜냐하면 우리 자녀들이 교회에서 교육받는 시간은 일주일에 2시간 정도에 불과하지만 가정에서 부모가 자녀들을 교육할 수 있는 시간은 무한대이기 때문입니다.

1600년대 초반에서 1900년대 중반까지 무려 300년 동안 만석꾼*으로 살아온 경주 최 부잣집의 이야기는 유명합니다. "부자는 3대를 못 간다"라는 말이 무색하게도 이들은 무려 12대 동안 부자로 살았습니다. 그리고 마지막 대 부자인 최준은 전 재산을 모아 영남대학의 전신인 대구대학과 계림학숙을 세웠습니다. 이들이 300년 동안 만석꾼 부자로 살 수 있었던 이유는 무엇일까요? 저는 그 이유를 가훈에서 찾았습니다.

첫째, 절대 진사進士 이상의 벼슬은 하지 말라. 높은 벼슬에 올랐다가 사건에 휘말려 집안이 화를 당할 수 있기 때문입니다.

둘째, 재산은 1년에 1만석(5천 가마니) 이상 모으지 말라. 지나친 욕심은 화를 부르기 때문입니다. 그래서 1만석을 초과한 재산은 이웃에게 돌려 사회에 환원했다고 합니다.

셋째, 나그네를 후하게 대접하라. 그들은 누가 와도 넉넉히 대접하여 푸근한 마음을 가지고 돌아가게 했습니다.

넷째, 흉년에는 남의 논과 밭을 매입하지 말라. 먹을 것이 없어서 어쩔 수 없이 싼값에 내놓은 논밭을 사는 행동은 남들의 원성을 사는 행동이기 때문입니다.

* 곡식 만 섬가량을 거두어들일 만한 논밭을 가진 큰 부자를 비유적으로 이르는 말

다섯째, 며느리가 시집오면 3년 동안 무명옷을 입혀라. 어려움을 겪어봐야 다른 사람의 고통을 헤아릴 수 있기 때문입니다.

여섯째, 사방 100리 안에 굶어 죽는 사람이 없게 하라. 특히 흉년에는 양식을 풀어라.

저는 이 여섯 가지 가훈을 보면서 1대 최 부자의 안목과 비전에 감탄했습니다. 그는 단지 재산을 쌓아서 자녀들에게 물려주는 것으로 만족하지 않고, 진정 후손을 생각하여 재산과 함께 비전을 물려준 사람이었습니다.

당대에 최 부자보다 더 많은 부귀영화를 누린 사람도 있었을 것입니다. 그러나 그들의 부는 3대를 가지 못했습니다. 아무리 당대에 부귀영화를 누리면 무엇을 하겠습니까? 후손의 미래를 미리 내다보지 못하는 사람은 안목이 없는 사람입니다. 그러나 최 부자는 안목이 있었고 가문에 대한 꿈과 비전이 있었습니다. 그래서 가훈을 만들고 후손들이 그 가훈대로 실천하며 살 수 있도록 교육했습니다.

미래를 내다보지 못한 히스기야 왕

최 부자와는 달리 자기 시대의 부귀영화만으로 만족했던 대표적인 인물이 성경에 나와 있습니다.

기독교인이라면 누구나 한 번쯤은 남유다의 히스기야 왕에 대해서 들어보았을 것입니다. 그리고 많은 사람들이 히스기야 왕을 선한 왕으로 생각하고 있을 것입니다. 그러나 저는 히스기야 왕을 생각할 때마다 안타까운 마음이 먼저 듭니다. 그의 후손에 대한 안목과 비전 때문입니다.

히스기야 왕은 이스라엘 하나님 여호와를 의지했습니다. 성경은 히스기야 왕에 대하여 "그의 전후 유다 여러 왕 중에 그러한 자가 없었다"라고 기록하고 있습니다. 히스기야 왕은 하나님과 연합하여 하나님을 떠나지 않고 하나님의 계명을 지켰습니다. 그래서 하나님께서는 그와 함께 하시면서 그를 형통케 하셨습니다(왕하 18:5~7).

죽을병에 걸린 히스기야 왕이 하나님께 드린 기도는 너무나 유명합니다.

여호와여 구하오니 내가 진실과 전심으로 주 앞에 행하며 주께서 보시기에 선하게 행한 것을 기억하옵소서 하고 히스기야가 심히 통곡하더라 왕하 20:3

하나님께서는 그 기도를 들으시고 해 그림자를 10도 뒤로 물러가게 하는 징표를 보이신 뒤 히스기야 왕을 낫게 해주셨습니다. 그 즈음 바벨론 왕 므로닥발라단이 히스기야 왕이 병들었다가 나았다는 소식을 듣고 신하를 보내어 편지와 예물을 전합니다(사 39:1).

이에 우쭐해진 히스기야 왕은 유다의 힘을 보여주기 위해서 보물 창고에 있는 금은, 향료, 향유뿐만 아니라 무기고와 창고에 있는 것들을 다 보여주었습니다.

불치병에 걸렸다가 하나님께서 기적적으로 치유해주셨다면 모든 영광을 하나님께 돌리면서 찬양하는 게 마땅하지 않을까요? 하지만 히스기야 왕은 그렇게 하지 않았습니다. 대신 바벨론 왕 앞에서 유다의 부강함이 하나님께 있는 것이 아니라 금은과 무기에 있음을 자랑하는 실수를 범하고 말았습니다. 하나님께서는 이사야 선지자를 통해서 이렇게 말씀하셨습니다.

날이 이르리니 왕궁의 모든 것과 왕의 조상들이 오늘까지 쌓아 두었던 것을 바벨론으로 옮긴 바 되고 하나도 남지 아니할 것이요 또 왕의 몸에서 날 아들 중에서 사로잡혀 바벨론 왕궁의 환관이 되리라 왕하 20:17, 18

이때 이사야의 말을 들은 히스기야 왕은 이렇게 대답합니다.

여호와의 말씀이 선하니이다 하고 또 이르되 만일 내가 사는 날에 태평과 진실이 있을진대 어찌 선하지 아니하리요 왕하 20:19

이사야 39장 8절에는 이렇게 기록되어 있습니다.

당신이 이른 바 여호와의 말씀이 좋소이다 하고 또 이르되
내 생전에는 평안과 견고함이 있으리로다

후손들에게 어떤 일이 일어나도 자기는 괜찮다고 하는 히스기야 왕을 과연 우리는 어떻게 평가해야 할까요? 이사야 선지자로부터 하나님의 책망을 들었을 때 그는 눈물로 통곡하며 회개했어야 했습니다. 그러나 그렇게 하지 않았습니다.

저는 이 성경 본문을 읽다가 충격을 받았습니다. 그때까지 제가 알았던 히스기야 왕은 선한 왕이었고 기도의 사람이었습니다. 하지만 성경 속에서 재발견한 히스기야 왕은 지도자가 돼서는 안 될 사람이었습니다. 그에게는 지도자가 갖춰야 할 미래에 대한 안목이 없었습니다.

결국 그의 아들인 므낫세 왕은 남유다 왕 중에서 가장 악한 왕이 되었습니다. 게다가 이 악한 므낫세 왕은 그 어떤 남유다 왕들보다 오랜 기간 나라를 다스립니다. 악한 므낫세가 왕으로 있었던 55년을 상상해보십시오. 그는 하나님이 아닌 우상을 섬겼으며, 백성들을 학대했습니다. 왕이 하나님을 섬기지 않았다는 말은 곧 온 나라가 우상을 섬기는 백성들로 가득했다는 뜻이기도 합니다.

히스기야 왕에게 미래에 대한 안목이 있었다면 므낫세 왕을 그렇게 키우지 않았을 것입니다. 하지만 히스기야 왕은 미래에 대한 안목이 없었기 때문에 자녀교육에 무관심했고, 결국 자녀교육에 실패함으로써 자신의 아들을 가장 악한 왕으로 만들었습니다.

그리고 시드기야 왕 때에 실제로 남유다는 바벨론에 의해 멸망당합니다. 왕궁의 모든 것이 바벨론으로 옮겨지고, 다니엘과 그의 세 친구들이 사로잡혀가서 바벨론 왕궁의 환관이 되었지요.

만약 히스기야 왕에게 후손에 대한 안목과 비전이 있었다면 자신의 잘못을 회개하고 "비록 나의 시대는 어려울지라도 후손들에게는 평안과 견고함을 달라"라고 간청했을 것입니다. 그리고 "그렇게 하지 않으시려면 차라리 날 죽여달라"라고 목숨 걸고 기도했을 것입니다.

믿음 좋은 부모와
믿음 없는 자녀의 딜레마

거듭난 그리스도인의 명확한 증거는 다른 사람들에게 그리스도를 소개하고 복음을 전하는 것입니다. 우리는 그것을 '전도'라고 부릅니다.

한 가지 더 생각해봐야 할 것은 '자녀들이 명확하게 복음을 소개받는 곳은 어디여야 하겠는가' 하는 문제입니다. 저는 자녀들이 가정에서 가장 먼저 복음을 소개받아야 한다고 생각합니다.

자녀에게 그리스도의 복음의 메시지를 명확하게 설명해보신 적이 있습니까? 자녀가 언제 누구로부터 복음의 메시지를 듣고 회심했는지 알고 있습니까?

대부분의 자녀들은 부모보다는 교회나 대학교에서 복음을 듣고 영생을 선물로 받았을 것입니다. 심지어 아직도 영생의 복음에 대해 명확하게 이해하지 못한 채 교회에 다니고 있을 수도 있습니다. 자녀들에게 질문해보십시오.

"만일 오늘 밤이라도 네가 세상을 떠난다면 천국에 들어갈 수 있겠니?"

10초 안에 대답하지 못한다면 우리는 자녀의 신앙뿐만 아니라 부모 자신의 신앙을 점검해봐야 합니다. 주 예수를 믿는 믿음은 자신뿐만 아니라 그 집 전체를 구원하는 힘이 있기 때문입니다.

주 예수를 믿으라 그리하면 너와 네 집이 구원을 받으리라 행 16:31

어떤 고등학생이 있었습니다. 아빠가 장로요, 엄마가 권사인 전형적인 교회 중직자 가정에서 자랐지만 이 학생의 신앙은 그리 좋지 않았습니다. 부모님 때문에 억지로 교회에 나와서 습관적으로 예배를 드렸습니다. 아예 교회에 출석하지 않는 날도 많았습니다.

그런 자녀의 태도가 늘 불만이었던 장로님은 교회 목사님이 자신의 아들을 신앙적으로 잘 이끌어주기를 기대했지만, 부모도 어쩔 수 없는 아이를 목사님이 얼마나 잘 이끌 수 있었겠습니까? 결국 목사님은 사역을 그만둬야 했습니다.

자녀의 신앙에 빨간불이 켜졌다면 이것은 누구의 문제일까요? 저는 자녀의 신앙 문제는 1차적으로 부모에게 달려 있다고 생각합니다. 부모가 바른 신앙으로 일관성 있게 자녀를 양육한다면 자녀들은 절대로 신앙의 길에서 탈선하지 않습니다. 하지만 부모가 일관성 없는 신앙으로 자녀들에게 본을 보이지 못한다면 자녀들은 부모의 신앙뿐만 아니라 부모가 믿는 하나님에 대해서도 불신하게 됩니다. 그럴 바엔 차라리 나이롱 신자로 사는 것이 낫습니다. 자녀들이 나이롱 신자인 부모를 불쌍히 여겨 하나님 앞에 나아갈 수도 있기 때문입니다.

국어사전에서는 '일관성' 이란 단어를 '하나의 방법이나 태도로써 처음부터 끝까지 한결같은 성질' 이라고 정의하고 있습니다. 그래서 저는 학생들에게 신앙의 기본기로 '일관성 있는 신앙' 을 가르치면서 이렇게 설명합니다.

"일관성이란 하나님과 사람에게 처음부터 끝까지 한결같이 대하는 태도란다."

이런 태도를 보여야 자녀들이 부모를 존경하게 되고 하나님을 경외하게 됩니다. 하지만 애석하게도 대부분의 부모들은 교회에 그 책임을 전가합니다. 자녀들이 하나님을 향한 열정 없이 미지근한 신앙생활을 하고 있다면 부모로서 바른 신앙의 본을 보였는지 먼저 자신을 되돌아보십시오. 이것은 제가 목사로서 책임을 회피하기 위해 하는 말이 아니라 같은 부모로서 당부하고 싶은 말입니다.

🕊 하나님보다 자녀를 더 사랑한 엘리 제사장

성경을 보면 자녀교육에 실패하여 어려움을 겪는 부모들의 이야기가 종종 나옵니다. 흥미로운 것은 그 부모들이 그저 그런 신앙이 아니라 매우 훌륭한 신앙을 가진 사람으로서 오늘날까지 존경받고 있다는 사실입니다.

엘리 제사장의 실패한 자녀교육은 오늘날의 부모들에게 시사하는 바가 매우 많습니다. 더욱이 요즘같이 경쟁이 치열한 사회에서 엘리 제사장의 일은 남의 일 같지 않지요.

우선 엘리 제사장은 아들인 홉니와 비느하스에게 하나님을 제대로 가르치지 못했습니다. 그래서 성경은 사무엘상 2장 12절에서 "엘리의 아들들은 행실이 나빠 여호와를 알지 못하더라"라고 기록하고 있습니다.

결국 하나님을 몰랐던 홉니와 비느하스는 하나님 앞에서 불량자가 되었습니다. 특히 그들은 하나님께 먼저 드려져야 할 제물들을 중간에서 빼앗았습니다. 얼마나 하나님을 우습게 알았으면 그랬겠습니까?

어떤 사람이 제사를 드리고 그 고기를 삶을 때에 제사장의
사환이 손에 세 살 갈고리를 가지고 와서 그것으로 냄비에나
솥에나 큰 솥에나 가마에 찔러 넣어 갈고리에 걸려 나오는
것은 제사장이 자기 것으로 가지되 실로에서 그 곳에 온 모
든 이스라엘 사람에게 이같이 할 뿐 아니라 기름을 태우기
전에도 제사장의 사환이 와서 제사 드리는 사람에게 이르기
를 제사장에게 구워 드릴 고기를 내라 그가 네게 삶은 고기
를 원하지 아니하고 날 것을 원하신다 하다가 그 사람이 이
르기를 반드시 먼저 기름을 태운 후에 네 마음에 원하는 대
로 가지라 하면 그가 말하기를 아니라 지금 내게 내라 그렇
지 아니하면 내가 억지로 빼앗으리라 하였으니 삼상 2:13~16

성경은 사무엘상 2장 17절에서 "이 소년들의 죄가 여호와 앞에
심히 큼은 그들이 여호와의 제사를 멸시함이었더라"라고 기록하
고 있습니다.
또한 엘리 제사장은 하나님보다 자녀를 더 소중히 여겼습니다.
엘리 제사장은 아들인 홉니와 비느하스를 사랑했습니다. 문제는
하나님보다 자녀를 더 사랑한 것에 있었습니다.

너희는 어찌하여 내가 내 처소에서 명령한 내 제물과 예물을

밟으며 네 아들들을 나보다 더 중히 여겨 내 백성 이스라엘
이 드리는 가장 좋은 것으로 너희들을 살지게 하느냐 삼상 2:29

놀랍지 않습니까? 우리는 단지 홉니와 비느하스가 행실이 나빠
하나님께 드리는 제사를 멸시했다고 생각하기 쉽습니다. 하지만
하나님께서는 엘리 제사장에게 원인이 있음을 정확하게 지적하셨
습니다. 엘리 제사장이 하나님보다 아들들을 더 중히 여겨 이스라
엘 백성들이 하나님께 바친 제물 중에서 가장 좋은 것을 아들들에
게 주었다는 것입니다. 그런 아버지의 모습을 보아온 홉니와 비느
하스가 하나님의 제물을 빼앗는 것은 당연한 일이겠지요.

오늘날의 교회에도 엘리 제사장 같은 부모들을 얼마나 많은지
모릅니다.

단적인 예로, 신앙이 돈독해 보이는 부모들조차도 자녀가 고3만
되면, 주일예배 대신 학원에 가는 것을 묵인해버립니다. 내심 그렇
게 하기를 원하는 부모들도 있습니다. 교회에서 신앙훈련을 위한
행사나 프로그램을 마련하면, 자녀들이 공부해야 하는데 행사를
많이 만든다고 불평합니다. 고3이 교회 수련회에 간다고 하면, 고
3이 공부는 안 하고 수련회에 간다고 핀잔을 줍니다. 심지어 교회
에 가지 않고 열심히 공부하는 것을 대놓고 칭찬하는 부모들도 있
습니다.

사실 우리 자녀들이 마음속으로 진정 원하는 것은 부모들이 신앙적으로 올바른 가르침을 주는 것입니다. 하지만 오히려 부모들이 나서서 상황을 합리화합니다.

"이렇게 공부를 소홀히 해서야 대학에 들어갈 수 있겠니? 게다가 대학에 들어가지 못하면 하나님께 영광을 돌리지 못한단다. 신앙생활은 대학교에 들어가서 열심히 하면 돼. 지금은 열심히 공부해야 할 시기니까 중고등부 활동은 하지 말거라."

이것은 단순히 부모들의 신앙 양심이 마비되는 차원이 아니라 자녀들에게 잘못된 신앙 유산을 물려주는 것입니다.

'신앙보다는 공부가 더 중요해.'

'성공을 위해서라면 예배를 드리지 않아도 돼.'

문제는 그러면서도 자녀들의 믿음이 좋기를 바란다는 것입니다. 하지만 이렇게 고3 과정을 마치고 대학에 들어간 자녀들이 과연 신앙을 지킬 수 있을까요? 대부분은 불성실하게 교회에 다니다가 신앙을 잃어버리고 맙니다. 물론 어떤 학생들은 교회에 착실하게 잘 다닐 것입니다. 청년부 예배에도 잘 나가고 소그룹 모임에도 잘 참석할 것입니다. 대학에 들어간 자녀가 교회생활에 열심을 내면 부모는 자녀가 신앙이 좋은 아이로 잘 성장하고 있다고 믿습니다.

하지만 잠시뿐입니다. 아무리 깨끗하게 보이는 바다라 할지라도 태풍이 한번 쓸고 지나가면 온통 쓰레기 더미로 변하고 맙니다.

깊은 곳에 있던 쓰레기들이 모두 다 올라오기 때문입니다. 사람의 신앙은 위기의 순간을 거쳐야 진짜인지 가짜인지 알 수 있습니다. 자녀들에게 위기의 순간이 닥쳐왔을 때, 마치 모래 위에 세운 집처럼 한순간에 무너져버린다면, 그래서 결국 하나님을 떠나버린다면 이것은 누구의 책임일까요?

부모의 일관성 없는 태도가 자녀들에게 겉만 깨끗한 가짜 신앙을 물려준다는 사실을 꼭 기억하시기 바랍니다.

우리 교회의 한 집사님은 중3, 중2, 5살 된 아이들을 데리고 모든 예배에 참석합니다. 직장에서 퇴근하고 나면 매우 피곤할 텐데도 수요예배와 금요심야기도회에 빠지는 경우가 거의 없습니다. 심지어 중학생 아이들과는 새벽기도회까지 함께 나옵니다. 이런 집사님의 예배에 대한 일관성 있는 태도는 아이들에게 매우 훌륭한 유산이 될 것입니다.

자녀는 매우 소중합니다. 하지만 자녀 사랑은 하나님 사랑으로부터 시작된다는 사실을 잊어서는 안 됩니다. 그 무엇보다도 하나님을 사랑하는 것이 가장 우선이 되어야 합니다. 자녀보다도, 남편보다도 하나님을 사랑해야 진정한 의미의 자녀 사랑을 할 수 있습니다. 하나님께서는 우리가 세상 그 무엇보다도, 그 누구보다도 하나님을 더 사랑하기를 원하십니다. 우리의 자녀가 소중하지만 하나님보다 더 소중할 수는 없습니다. 우리의 부모가 소중하지만 하나님보다 더 소중할 수는 없습니다.

그렇기 때문에 우리는 자녀의 대학 입학 문제 앞에서도 엄격하게 신앙 양심을 지켜야 합니다. 하나님께 예배하는 것은 그 무엇과도 바꿀 수 없다고 자녀들에게 정확하게 가르쳐야 합니다. 그렇지 않으면 엘리 제사장처럼 자녀들이 하나님을 멸시하는 죄를 짓고 심판받는 모습을 보게 될 것입니다.

결과적으로 엘리 제사장의 잘못된 자녀교육은 홉니와 비느하스가 전쟁터에서 죽게 됨으로써 가문의 멸망으로 이어질 뿐만 아니라, 하나님의 언약궤를 빼앗김으로써 이스라엘이 재앙을 받는 데까지 영향을 미칩니다.

이렇듯 자녀교육의 문제는 단지 가정의 문제만이 아니라 한 나라의 운명과 관련된 매우 중대한 문제이기도 합니다. 이러한 사실은 사무엘의 자녀교육을 통하여도 알 수 있습니다.

아버지의 역할에는 소홀했던 사무엘

사무엘은 이스라엘 최고의 지도자였습니다. 그가 이스라엘 백성들에게 했던 말을 떠올려보십시오.

나는 너희를 위하여 기도하기를 쉬는 죄를 여호와 앞에 결단코 범하지 아니하고 선하고 의로운 길을 너희에게 가르칠 사무엘은 백성들을 위해 기도하지 않는 것을 죄로 여길 정도로 쉬지 않고 기도했으며 하나님의 말씀으로 백성들에게 선하고 의로운 길을 가르쳤습니다. 그는 이스라엘 민족의 진정 위대한 지도자였습니다. 하지만 사무엘은 아버지로서는 실패한 사람이었습니다.

사무엘은 요엘과 아비야라는 두 아들을 두었습니다. 요엘과 아비야는 아버지 사무엘의 뒤를 이어서 브엘세바에서 사사가 되었습니다. 하지만 요엘과 아비야는 아버지 사무엘과 성품이 전혀 달랐습니다. 그들은 돈에 눈이 멀어서 뇌물을 받고 재판을 공정하게 하지 않았습니다. 오늘날로 말하면, 판사가 뇌물을 받고 불공정하게 재판을 했다는 말입니다.

> 사무엘이 늙으매 그의 아들들을 이스라엘 사사로 삼으니 장자의 이름은 요엘이요 차자의 이름은 아비야라 그들이 브엘세바에서 사사가 되니라 그의 아들들이 자기 아버지의 행위를 따르지 아니하고 이익을 따라 뇌물을 받고 판결을 굽게 하니라 삼상 8:1~3

이러한 일들이 계속해서 벌어지자 이스라엘 장로들이 사무엘을 찾아가서 이렇게 말합니다.

> 보소서 당신은 늙고 당신의 아들들은 당신의 행위를 따르지
> 아니하니 모든 나라와 같이 우리에게 왕을 세워 우리를 다스
> 리게 하소서 삼상 8:5

이스라엘 장로들의 요구는 어쩌면 너무나 당연한 것이었습니다. 제가 그 당시 이스라엘의 장로였어도 그들과 똑같이 행동했을 것입니다. 하지만 하나님께서는 이스라엘 장로들의 속내를 바로 꿰뚫어 보셨습니다.

> 이는 그들이 너를 버림이 아니요 나를 버려 자기들의 왕이
> 되지 못하게 함이니라 내가 그들을 애굽에서 인도하여 낸 날
> 부터 오늘까지 그들이 모든 행사로 나를 버리고 다른 신들을
> 섬김 같이 네게도 그리하는도다 삼상 8:7, 8

하나님께서는 이스라엘 장로들의 요구를 현상 그대로 받아들이지 않으셨습니다. 다른 나라들처럼 왕을 달라는 말은 바로 하나님을 버리겠다는 뜻이기 때문입니다. 하지만 이스라엘 백성들도 처

음부터 하나님을 버릴 생각은 아니었을 것입니다. 그들은 사사의 통치를 거부하는 것이 곧 하나님의 통치를 거부하는 것임을 잘 알고 있었습니다. 하지만 사무엘의 아들인 요엘과 아비야를 지켜보니 그들의 통치를 받는 것보다 차라리 하나님을 버리는 것이 낫겠다고 결의하게 된 것입니다. 심지어 그들은 자신과 후손들이 왕의 종이 된다는 말에도 결정을 바꾸지 않습니다.

이르되 너희를 다스릴 왕의 제도는 이러하니라 그가 너희 아들들을 데려다가 그의 병거와 말을 어거하게 하리니 그들이 그 병거 앞에서 달릴 것이며 그가 또 너희의 아들들을 천부장과 오십부장을 삼을 것이며 자기 밭을 갈게 하고 자기 추수를 하게 할 것이며 자기 무기와 병거의 장비도 만들게 할 것이며 그가 또 너희의 딸들을 데려다가 향료 만드는 자와 요리하는 자와 떡 굽는 자로 삼을 것이며 … 너희가 그의 종이 될 것이라 삼상 8:11~17

백성이 사무엘의 말 듣기를 거절하여 이르되 아니로소이다 우리도 우리 왕이 있어야 하리니 우리도 다른 나라들 같이 되어 우리의 왕이 우리를 다스리며 우리 앞에 나가서 우리의 싸움을 싸워야 할 것이니이다 하는지라 삼상 8:19,20

성경에 사무엘의 자녀교육이 언급되어 있는 것은 아니지만 이 사건을 볼 때 사무엘은 자녀교육에 실패했다고 볼 수 있습니다. 사무엘은 이스라엘 민족에게는 매우 훌륭한 지도자였으나 가정에서는 좋은 아버지가 되지 못했습니다. 아마도 사무엘은 이스라엘 백성이 자기 아들들 때문에 하나님을 버린 것 같아 심히 괴로웠을 것입니다.

이렇듯 자녀교육은 매우 중요합니다. 가정에서 자녀교육을 바르게 하지 못하면 교회, 사회, 국가가 다 망하게 된다는 것이 사무엘 가정과 엘리 제사장 가정을 통해 얻을 수 있는 교훈입니다.

가정에서 먼저 시작하는 제자훈련

그리스도인은 예수님의 제자

저는 '그리스도인'이라 불리는 것을 가장 큰 영광이라고 생각합니다. 그리스도인이라는 명칭에는 '그리스도를 따라 사는 사람'이라는 의미가 담겨 있을 뿐만 아니라 '그리스도를 닮아가는 사람'이라는 의미도 담겨 있습니다.

더욱더 감격적인 것은 '그리스도의 제자'란 의미도 함축되어 있다는 것입니다.

그러므로 너희는 가서 모든 민족을 제자로 삼아 아버지와 아들과 성령의 이름으로 세례를 베풀고 내가 너희에게 분부한 제자는 스승의 말에 무조건 순종하는 사람입니다. 스승이 배추를 거꾸로 심으라고 하면 배추를 거꾸로 심는 순종의 사람이 바로 제자입니다. 자신을 죽이려는 아버지 앞에서 저항하지 않고 목을 내놓았던 이삭처럼 스승이 죽으라고 하면 죽을 것까지 각오하는 사람이 진짜 제자입니다.

많은 교회에서 성도들을 진짜 제자로 만들기 위해 제자훈련을 하고 있습니다. 구원의 확신을 점검하고, 성경을 가르치고, 순종을 가르치고, 기도를 가르치고, 전도하는 법을 가르치고, 성령충만의 방법을 가르칩니다.

그중 제자훈련하면 떠오르는 교회가 있습니다. 바로 사랑의교회입니다. 사랑의교회의 옥한흠 원로목사님이 한국교회에 끼친 영향력 베스트를 뽑으라고 한다면 저는 제자훈련을 꼽겠습니다.

국제제자훈련원에서 4박 5일간 합숙으로 실시하는 '제자훈련 지도자 세미나' 를 수강하려면, 정해진 시간에 인터넷으로 신청해야 합니다. 선착순이기 때문에 미리 회원가입을 하고 기다려야 하는데 그것도 아무 목회자나 신청할 수 없습니다. 담임목사가 우선이며, 부목사의 경우 담임목사와 동시에 신청할 수 없고 그 해에 교회 내에서 제자훈련을 담당해야 신청할 수 있습니다. 목회자 후

보생인 신학대학원생은 아예 신청도 못합니다. 담임목사의 경우에도 나이가 만 55세 이하여야 합니다. 이렇게 신청자격이 까다로운데도 많은 사람들이 떨어집니다. 모집 인원수가 몇 십 명이 아니라 수백 명인데도 말입니다.

이처럼 많은 목회자들이 제자훈련 지도자 세미나에 참여하는 이유는 바로 자신이 섬기고 있는 교회에 제자훈련을 도입해서 성도들을 그리스도의 제자로 훈련하고 싶은 열망 때문입니다.

잃어버린 한쪽 날개를 회복하라

하지만 가정에서 자녀들을 제자훈련을 하기 위해 세미나에 참여한다는 목회자는 거의 본 적이 없습니다. 가정에서 제자훈련을 하기 위해 교회에서 제자훈련을 받는다는 성도도 거의 본 적이 없습니다. 현재 많은 교회에서 제자훈련을 하고 있지만, 가정에서 제자훈련을 하고 있다는 아름다운 소식은 들어보지 못했습니다.

역사를 거슬러 올라가서 보면 초대교회 때도 마찬가지였습니다. 신약시대는 구약시대와는 달리 가정에서 자녀를 훈련하는 것보다 이웃들에게 선교하는 측면이 많이 강조되었습니다. 즉, 초대교회 성도들은 예수님의 지상명령인 마태복음 28장 19절과 20절의 말씀대로 모든 민족(이방인)을 제자로 삼는 데 온 힘을 기울였습니다. 그러다보니 가정에서 자녀를 양육하고 하나님의 말씀으로 제자훈련시키는 데는 관심을 기울이지 못했습니다. 그 결과 세계 곳곳으로 복음은 퍼져 나갔으나 초대교회 후손들은 믿음의 대를 이어가지 못하고 말았습니다.

복음이 왕성하게 일어나 부흥했던 나라 중에 현재까지 부흥을 이루고 있는 나라가 없다는 사실도 그리 놀라운 일이 아닙니다. 영국의 웨일즈 부흥 운동도 한 세대에 그쳤고, 미국의 대각성 운동도 한 세대에 그쳤습니다. 우리나라의 평양 대부흥 운동도 마찬가지입니다. 부모들의 부흥 이후에 자녀들은 반드시 쇠락의 길을 걸어갔습니다. 물론 초대교회 부흥도 한 세대의 부흥으로 그치고 말았습니다.

하지만 하나님께서 원하시는 것은 한 세대의 부흥이 아니라 2세대, 3세대, 4세대… 를 거쳐 날마다 하나님의 말씀이 왕성하게 일어나는 영원한 세대의 부흥입니다.

이런 관점에서 본다면 가정에서 제자훈련을 잃어버린 것은 초대교회 선조들의 가장 큰 실수입니다. 자녀들은 우선 가정에서 부모에 의해 잘 훈련받은 다음 그것을 토대로 교회에서 훈련을 받아야 합니다. 가정에서 부모로부터 받는 제자훈련이 오른쪽 날개라면 교회에서의 제자훈련은 왼쪽 날개입니다. 하나님이 원하시는 영원한 세대의 부흥은, 양쪽 날개인 가정과 교회가 동시에 제자훈련을 할 때 이루어집니다.

부모가 자녀의 구원의 확신을 점검하고, 구원의 확신이 불분명한 자녀들에게는 성경을 가르치고, 기도를 가르치고, 성령충만의 방법을 가르치는 가정, 더 나아가 자녀들이 전도자가 될 수 있도록 전도를 훈련하는 가정, 이것이 바로 제가 꿈꾸는 가정의 모습입니다.

착하고 충성된 종이 되어

마태복음 25장에는 열 처녀 비유, 달란트 비유, 양과 염소 비유 이렇게 세 개의 비유가 나옵니다. 저는 이중에 달란트 비유를 묵상하면서 부모도 심판받는다는 사실을 발견하게 되었습니다.

어떤 사람이 자신의 종들을 불러서 각각의 재능대로 어떤 사람에게는 5달란트, 어떤 사람에게는 2달란트, 어떤 사람에게는 1달란트를 준 다음 먼 길을 떠났습니다. 그 후 5달란트를 받은 사람과 2달란트를 받은 사람은 장사를 하여 각각 5달란트와 2달란트의 이익을 남겼으나 1달란트를 받은 종은 땅을 파고 주인의 돈을 감추어 두었습니다.

오랜 시간이 지난 후에 주인이 돌아와서 결산을 하기 시작합니다. 5달란트를 받은 종이 자랑스럽게 주인이 맡긴 돈과 자신이 번 돈을 합하여 10달란트를 내놓자 주인이 흡족해합니다.

"잘하였도다. 착하고 충성된 종아! 네가 적은 일에 충성하였으매 내가 많은 것을 네게 맡기리니 네 주인의 즐거움에 참여할지어다.”

2달란트를 받은 종도 자랑스럽게 4달란트를 내놓습니다. 주인이 또 칭찬을 합니다.

“잘하였도다. 착하고 충성된 종아! 네가 적은 일에 충성하였으매 내가 많은 것을 네게 맡기리니 네 주인의 즐거움에 참여할지어다.”

1달란트를 땅속에 묻어둔 종은 주인의 눈치를 살피다가 변명을 하기 시작합니다.

“주인이여, 당신은 굳은 사람이라 심지 않은 데서 거두고 헤치지 않은 데서 모으는 줄을 내가 알았으므로 두려워하여 나가서 당신의 달란트를 땅에 감추어 두었었나이다. 보소서 당신의 것을 가지셨나이다.”

그러자 몹시 화가 난 주인이 이렇게 말합니다.

“악하고 게으른 종아! 나는 심지 않은 데서 거두고 헤치지 않은 데서 모으는 줄로 네가 알았느냐. 그러면 네가 마땅히 내 돈을 취리하는 자들에게나 맡겼다가 내가 돌아와서 내 원금과 이자를 받게 하였을 것이니라. 이 무익한 종을 바깥 어두운 데로 내쫓으라. 거기서 슬피 울며 이를 갈리라.”

자녀를 우리에게 맡기신 하나님께서는 우리가 그분 앞에 섰을 때 반드시 이렇게 물어보실 것입니다.

"사랑하는 내 아들 빈이를 어떻게 했니?"

"사랑하는 내 딸 조이를 너에게 맡겼는데 어떻게 양육했니? 한 번 보자."

"사랑하는 내 딸 늘봄이를 너에게 잘 양육하라고 내가 부탁했는데 늘봄이는 지금 어떻게 됐니?"

그렇다면 우리는 5달란트를 남긴 종과 2달란트를 남긴 종처럼 "예, 주님이 선물로 주신 주님의 자녀 빈, 조이, 늘봄이를 이렇게 양육하였습니다" 하고 자랑스럽게 말할 수 있어야 하지 않겠습니까? 1달란트를 땅속에 묻어둔 종처럼 주님의 눈치를 살피며 변명을 해야 한다면 우리는 악하고 게으른 종이라는 책망을 면치 못할 것입니다. 자녀들이 그리스도의 제자가 되는 영광은 우리 부모들의 손에 달려 있다는 사실을 기억합시다.

이제부터는 구체적인 제자훈련 방법에 대해 설명하도록 하겠습니다.

암송은 가정에서 자녀가 아주 어릴 적부터,
더 나아가 태아일 때부터 할 수 있는 제자훈련입니다.
따로 배우지 않아도 자녀를 제자로 키워야 한다는
비전만 있으면 얼마든지 가르칠 수 있지요.

3장

가정에
하나님을 모시는
성경암송훈련

성경암송으로 자녀를 키워야 하는 이유

저는 100시간 설교하는 것보다 100시간 성경암송시키는 것이 성도들의 삶을 변화킬 수 있다고 믿습니다.

다른 사람들로 하여금 나의 가치에 공감하게 하고 그 가치를 그들의 것으로 받아들이게 하는 일은 같은 내용을 10번 이상 반복하지 않고서는 불가능합니다. 같은 맥락에서 강단 위에서 한 번 선포된 설교 내용이 성도들의 삶을 계속해서 변화시킬거라고 생각하는 것은 설교자의 착각입니다. 아무리 명설교라 해도 그 감동은 한 달 이상 가지 않습니다.

이 사실을 아는 설교자라면 자신이 중요하게 생각하는 내용이나 성도들이 이렇게 살았으면 하는 내용은 여러 번 반복해서 설교해야 합니다. 그런데 성도들은 그렇게 생각하지 않습니다. 설교자료가 바닥나서 같은 설교를 반복한다고 생각하지요. 사실 이런 문제 때문에 설교자는 다시 강조하고 싶은 내용이 있어도 같은 설교나 예화를 잘 사용하지 않으려고 노력합니다.

반면에 성도들에게 성경암송을 시키는 것은 다릅니다. 성경암송은 반복에 반복을 거듭해야 합니다. 반복하면 반복할수록 처음에는 이해가 되지 않았던 말씀의 의미가 깨달아집니다. 그렇게 계속 말씀을 암송하다보면 말씀이 골수에 사무치고 뼛속 깊이, 가슴 깊이 새겨져서 어떤 순간에도 말씀의 인도를 받을 수 있습니다. 이렇듯 성경암송의 힘은 엄청납니다.

같은 맥락에서 행복한 가정을 꿈꾸며 좋은 부모가 되기 위해 첫 번째로 준비해야 할 것은 성경암송을 생활화하는 것입니다. 단순히 말씀을 암송하는 것에 그치는 것이 아니라 암송한 말씀을 생활에 적용하고 실천하는 훈련을 해야 합니다.

우리가 하나님의 말씀을 암송하고, 암송한 말씀대로 적용하고 실천한다면 우리는 날마다 말씀의 인도를 받으며 말씀의 능력을 체험하게 될 것입니다.

암송 성공의 열쇠는 '지속'입니다. 제가 아무리 7년간 암송을 했다고 하더라도 이후에 암송을 쉬어버리면 아무런 의미가 없습니다. 암송은 반짝하고 마는 프로그램이 아니라 곧 삶이기 때문입니다. "한 번 해병은 영원한 해병"이라는 말이 있듯이 '한 번 암송은 영원한 암송'이어야 합니다. 지금부터 암송에 지속력을 더해줄 방법을 소개하겠습니다.

사모하는 마음

첫째, 사모하는 마음이 있어야 합니다. 공부도 하고 싶은 마음이 있어야 능률이 오르듯이 암송도 마찬가지입니다. 억지로 암송하면 능률도 낮고 재미도 없습니다.

> 나를 사랑하는 자들이 나의 사랑을 입으며 나를 간절히 찾는 자가 나를 만날 것이니라 잠 8:17

> 그가 사모하는 영혼에게 만족을 주시며 주린 영혼에게 좋은 것으로 채워주심이로다 시 107:9

하나님을 사모하는 마음이 암송의 첫 출발입니다. 사모함이 없는 암송은 먹기 싫은 음식을 억지로 떠먹는 것과 같습니다. 억지로 하는 것에는 늘 한계가 있기 마련이지요.

저 역시 처음부터 말씀을 사모해서 암송을 한 것이 아닙니다. 제가 장학생으로 있던 303비전장학회는 장학생들에게 장학금을 주고 암송훈련을 시켰습니다. 그러니까 한마디로 말하면 장학금을 받기 위해 암송을 했던 것입니다. 그렇기 때문에 암송하는 것이 결코 즐거울 수 없었습니다. 꿈에 여운학 장로님이 나타나거나 휴대폰에 여운학 장로님의 전화번호가 뜨기만 해도 마음이 철렁했습니다. 그러면서 고민이 생겼습니다.

'다윗은 '주의 말씀의 맛이 내게 어찌 그리 단지요 내 입에 꿀보다 더 다니이다(시 119:103)' 라고 고백했는데 왜 나는 말씀이 꿀송이처럼 달게 느껴지지 않을까? 도대체 언제쯤이면 나도 다윗처럼 고백할 수 있을까?'

그런데 200절, 300절, 500절, 750절… 계속해서 말씀을 암송하자, 내 안에 충만하게 쌓인 말씀들이 살아 움직이며 역사하기 시작했습니다. 말씀이 제 삶을 인도하게 된 것입니다. 저는 그때서야 다윗처럼 말씀의 단맛을 느낄 수 있었습니다.

말씀에 대한 사모함이 생기자 암송훈련을 받는 것 자체가 너무 너무 행복해졌습니다. 도리어 장학금을 내고 암송훈련을 받고 싶을 정도였습니다.

아마 암송을 시작한 후, 잠을 자려고 누우면 말씀이 떠오르고 그러다 말씀이 막히면 그 말씀이 무엇인지 궁금해서 잠을 제대로 자지 못하는 사람들도 있을 것입니다. 그 분들은 너무너무 말씀을 사모하는 분들입니다. 저와 함께 암송을 했던 어떤 집사님은 내리 삼일을 뜬눈으로 밤을 지새우는 바람에 혹여 졸음운전이라도 하면 어쩌나 걱정했던 적도 있습니다.

사모함이 없으면 사모함이 생길 때까지 말씀을 암송하겠다고 다짐하고 암송에 임하세요. 그리고 간절한 마음으로 이렇게 기도하세요.

"하나님 저에게 간절한 마음을 주옵소서. 말씀을 너무너무 좋아하게 해주시옵소서."

말씀이 100절, 200절 쌓이다보면 자신도 모르는 사이에 말씀의 능력을 경험하게 되고, 주님을 사랑하게 되고, 결국 하나님의 말씀을 간절히 사모하게 될 것입니다. 암송한 말씀이 우리 속에서 역사하기 때문입니다.

이러므로 우리가 하나님께 끊임없이 감사함은 너희가 우리에게 들은 바 하나님의 말씀을 받을 때에 사람의 말로 받지 아니하고 하나님의 말씀으로 받음이니 진실로 그러하도다 이 말씀이 또한 너희 믿는 자 가운데에서 역사하느니라 살전 2:13

둘째, '하니비 암송법'을 활용하면 쉽게 암송할 수 있습니다. 하니비 암송법은 반평생 동안 암송을 즐겨 하시고 10년 전부터 암송의 유익을 널리 전파하고 계신 303비전성경암송학교의 교장 여운학 장로님께서 고안하신 암송법으로, 꿀벌이 꿀을 따러 가는 장면을 보고 힌트를 얻은 것입니다.

벌은 몸통에 비해 작은 날개를 갖고 있기 때문에 날개를 빨리 움직여야 날 수 있습니다. 성경암송도 급행열차처럼 할수 있으려면, 마치 꿀벌이 날개를 빠르게 움직이듯이 혀와 입술을 빨리 움직여서 암송해야 합니다. … 성경을 암송할때 긴 문장을 한꺼번에 외우는 것은 여간 힘든 일이 아닙니다. 하지만 한 토막씩 짧게 나누어 반복하여 암송하면 다섯번, 열 번 되풀이하는 사이에 성경구절이 저절로 입에서 흘러나오게 됩니다. 여운학, 《말씀이 너무너무 좋아서》 중에서

여운학 장로님의 하니비 암송법은 긴 문장을 짧은 토막으로 나누는 것으로 시작합니다. 세 토막이 나왔을 경우, 먼저 첫 번째 토막을 소리 내어 빠르게 다섯 번 암송합니다. 두 번째 토막도 같은 방식으로 암송합니다. 그 다음 첫 번째 토막과 두 번째 토막을 연

결하여 역시 소리 내어 빠르게 다섯 번 암송합니다. 그리고 남은 세 번째 토막만 소리 내어 빠르게 다섯 번 암송한 다음 마지막으로 세 토막을 전부 연결하여 다섯 번 암송합니다. 이때 중요한 것은 말을 빨리하여 문장이 입에 배도록 해야 한다는 것입니다.

소리 내어 정확하게

셋째, 소리 내어 정확하게 암송해야 합니다. 제가 청년들이나 어른들을 대상으로 암송 실습을 해보면 다른 사람의 목소리가 안 들릴 정도로 소리를 크게 지르는 사람이 말씀을 빨리 암송하는 것을 볼 수 있습니다. 자신의 입술에서 나온 음성이 자신의 귀를 때리면서 기억장치에 오랫동안 보존되는 원리입니다.

양반처럼 앉아서 얌전하게 입술만 오물오물하는 사람은 상대적으로 암기 속도가 느립니다. 그렇기 때문에 암송할 때는 최대한 크게 소리를 지르는 것이 중요합니다.

또한 처음 외울 때 정확하게 외우는 것이 중요합니다. 잘 틀리는 부분이나 막히는 부분은 표시를 해서 특별히 강조하면서 외우세요. 잘 틀리는 부분에 강하게 충격을 주면 바르게 수정이 됩니다.

셰마 교육의 비밀

신명기 6장 4절부터 9절 말씀을 보면 '셰마* 교육'에 대해 알
수 있습니다.

> 이스라엘아 들으라 우리 하나님 여호와는 오직 유일한 여호
> 와이시니 너는 마음을 다하고 뜻을 다하고 힘을 다하여 네
> 하나님 여호와를 사랑하라 오늘 내가 네게 명하는 이 말씀을
> 너는 마음에 새기고 네 자녀에게 부지런히 가르치며 집에 앉
> 았을 때에든지 길을 갈 때에든지 누워 있을 때에든지 일어날
> 때에든지 이 말씀을 강론할 것이며 너는 또 그것을 네 손목
> 에 매어 기호를 삼으며 네 미간에 붙여 표로 삼고 또 네 집 문
> 설주와 바깥 문에 기록할지니라

여기서 '부지런히 가르친다'는 말은 '솨난'이라는 히브리어
동사에서 나왔는데, 그 의미는 '뾰족하게 하다', '마음속에 뿌리
박게 하다', '인을 박다', '칼을 갈다', '꿰뚫다'입니다. 이처럼
하나님의 말씀으로 자녀의 마음을 꿰뚫기 위해서는 어떻게 해야
할까요?

* Shema, '너희는 들으라'는 뜻으로, "이스라엘아 들으라"로 시작되는 신명기 6장
4절의 첫 어휘이다.

엄마아빠가 교회에서 배운 내용을 그대로 자녀에게 가르치는 것은 거의 불가능합니다. 아이들이 어리고 그 내용이 복잡할수록 부모가 가르치기도, 아이들이 이해하기도 어렵지요.

교회에 맡긴다고 해도 실제로 자녀들이 제자훈련을 받는 시기는 대부분 대학교에 들어간 이후입니다. 중고등부 때는 학생들이 공부를 해야 하기 때문에 쉽게 시도하지 못하고, 초등학교 때는 제자훈련하기에는 아직 어리다는 인식 때문에 기회가 잘 주어지지 않기 때문입니다.

하지만 암송은 가정에서 자녀가 아주 어릴 적부터, 더 나아가 태아일 때부터 할 수 있는 제자훈련입니다. 따로 배우지 않아도 자녀를 제자로 키워야 한다는 비전만 있으면 얼마든지 가르칠 수 있지요.

따라서 부모가 먼저 말씀을 암송하고, 자녀가 대를 거듭해서 하나님의 말씀을 영원히 간직할 수 있도록 암송훈련을 시키는 것이 가장 확실한 제자훈련 방법입니다. 저는 이것이 셰마 교육의 비밀이라고 생각합니다. 암송훈련 없는 셰마 교육은 있을 수가 없습니다.

물론 교회에서 하는 제자훈련의 내용도 배워둔다면 자녀들을 훈련하는 데 많은 도움이 될 것입니다. 하지만 설령 그렇게 하지 못한다고 해도 가정에서 성경암송과 암송가정예배를 하고 말씀대로 살아가도록 가르친다면 우리 자녀들은 충분히 반석 위에서 아주 튼튼하게 자랄 수 있습니다.

제 고향은 제주도입니다. 어머니는 제주도에서 감귤 농사를 지으시지요. 보통 감귤 농가에서는 플라스틱으로 만들어진 컨테이너에 감귤을 담아서 저장합니다. 그런데 농가마다 컨테이너의 생김새가 모두 같기 때문에 각각 나름대로 표시를 해야 합니다. 문제는 컨테이너가 플라스틱으로 만들어져서 쉽게 표시를 할 수 없다는 것입니다. 설령 표시를 했다고 하더라도 1년이 지나면 지워지고 맙니다. 그래서 저희 어머께서는 인두를 사용해서 컨테이너 표면에 저의 형의 이름인 '동수'를 적어놓으셨습니다. 저는 플라스틱 컨테이너 상자를 보면서 이런 생각을 했었습니다.

'이 컨테이너는 이 세상에 있는 동안 영원히 '동수'라는 표시를 달고 있겠구나.'

요즘에는 이 컨테이너를 볼 때마다 우리 아이들이 생각납니다. 그리고 아이들이 이 세상에서 살아가는 동안 그 영혼과 가슴에 하나님의 말씀이 영원히 지워지지 않도록 열심히 성경암송훈련을 해야겠다고 결심하지요.

사실 하나님의 말씀을 암송하는 훈련은 제가 스스로에게 다짐하는 것이기도 합니다. 저는 평생 죽을 때까지 하나님의 말씀을 암송하고 싶습니다.

태교부터 성경암송으로

태교의 중요성

많은 사람들이 후천적으로 훈련을 하면 좋은 성품이 만들어진다고 생각합니다. 하지만 성품은 만들어지는 것이 아니라 타고나는 것입니다. 물론 훈련을 통해 성품을 갈고 닦을 수 있습니다. 하지만 더욱더 좋은 것은 태어날 때 좋은 성품을 가지고 태어나서 바른 인격을 다듬어가는 것입니다.

저는 몇 달 전에 창원에 있는 대형서점에서 태교 관련 서적을 찾아보다가 깜짝 놀랐습니다. 태교 관련 서적이 얼마나 많은지 그 숫자에 처음 놀랐고, 그 많은 태교 책 중에 기독교 관련 태교 책은 없다는 사실에 두 번 놀랐습니다.

이처럼 태교의 중요성을 강조하는 책은 서점에 셀 수 없을 정도로 많이 진열되어 있습니다. 많은 사람들이 태교의 중요성을 알고 태교에 집중하고 있다는 뜻이겠지요. 조선시대 영조 때 사주당 이씨 부인이 쓴 책으로, 세계 최초의 태교지침서라고 할 수 있는《태교신기》를 보면 태교가 얼마나 중요한지 잘 알 수 있습니다.

> 뱃속의 아기는 모체와 혈맥이 이어져 있어서 어머니의 호흡에 따라 움직이므로 어머니의 기뻐하고 성내는 것은 아기의 성품이 되고, 어머니의 보고 듣는 것은 아기의 총명함이 되며, 어머니의 춥고 따뜻함은 태아에게는 체온이 되며, 어머니의 음식은 아기의 살과 피부가 되는데, 어머니가 어찌 조심하지 않을 수 있으리요. … 스승의 십 년 가르침이 어머니가 열 달 뱃속에서 기름만 못하다. 어찌 열 달의 수고를 꺼려 불초한 자식을 낳아 스스로 소인의 어머니가 되겠는가! 어찌 열 달 공 드려 자식을 어질게 함으로써 스스로 현명한 군자의 어머니가 되지 않겠는가! 배병철, 《다시 보는 태교신기》 중에서

게다가 태아의 발육 단계를 살펴보면 엄마의 보고 말하는 것이 태아에게 얼마나 큰 영향을 미치는지를 잘 알 수 있습니다.

● 임신 1개월 : 태아의 신장은 0.2cm, 체중은 1g 미만이며, 수정란이 발육하여 낭배를 형성한 후 자궁벽에 묻히고 수정란 주위에는 부드럽고 가느다란 물풀 뿌리 같은 융모가 발생하는데, 이 융모가 자궁내막에 파고 들어가 태아에게 필요한 영양분과 산소를 섭취하는 역할을 한다.

● 임신 2개월 : 태아의 신장은 2cm, 체중은 4g 정도이며, 팔다리가 펴지고, 손가락과 발가락과 두 눈이 형성되고 콧구멍도 생기며, 폐와 간, 신장 등이 생기고 갑상선, 쓸개 등 거의 모든 중요 내부 기관이 형성된다.

● 임신 3개월 : 태아의 신장은 7~9cm, 체중은 20g 정도이며, 태아를 싸고 있는 양막 속에 양수가 차고, 심장이 완성되고, 태아와 모체가 탯줄로 이어져 두 개의 동맥을 통해 혈액을 공급받고 귀가 완전한 모양을 갖추며, 팔과 다리의 각 부위가 쉽게 구별된다.

● 임신 4개월 : 태아의 신장은 16~18cm, 체중은 110g 정도이며, 외부 생식기가 성장하여 남녀의 성별이 확실하게 구별되고, 태반이 완성되어 탯줄과 연결된 태아가 양수 속에서

수영을 한다. 태아는 탯줄을 통하여 모체로부터 영양을 공급받고 호흡을 하며 속눈썹과 눈썹이 나고 손가락과 발가락이 분리되면서 움직이고, 손톱과 발톱이 자라고, 손으로 자신의 몸을 만진다.

● 임신 5개월 : 태아의 신장은 20~25cm, 체중은 300g 정도이며, 태아의 팔다리 운동이 활발해져 태아의 신체 일부분이 자궁벽에 부딪혀서 태동을 느끼게 된다. 또한 태아의 대뇌 중량이 급속히 증가하고 머리, 몸통, 다리 등 각 기관의 비율이 균형을 이루게 될 뿐만 아니라 태아의 무게와 양수의 양도 2배로 증가하고, 태아는 폐로 양수를 삼켰다가 뱉었다 하면서 호흡과 배설을 한다.

● 임신 6개월 : 태아의 신장은 28~30cm, 체중은 650g 정도이며, 팔다리 근육과 전신 골격도 제법 갖추어지고, 자신의 의지로 몸을 움직일 뿐만 아니라 모세혈관이 늘어나고 골수 조혈이 시작된다. 또한 신장의 활동이 활발해지고 배뇨도 한다.

● 임신 7개월 : 태아의 신장은 35cm, 체중은 1kg 정도이

며, 소뇌가 크게 발달하고 간뇌가 기능을 발휘하며 소리의
전도를 담당하는 내이의 와우각도 완성되고 대뇌와의 신경
도 연결되며 모체의 자궁벽이나 복벽도 얇아지기 때문에 태
아가 외부의 소리를 또렷이 들을 수 있다.

● 임신 8개월 : 태아의 신장은 42cm, 체중은 1.7kg 정도이
며, 태아의 움직임이 커져 자궁벽에 부딪히는 일이 많아진다.
머리와 신체의 비율이 신생아와 거의 비슷해져서 태아가 심
하게 움직일 때 엄마가 배를 만지면 태아의 신체 일부가 느껴
지기도 한다. 또한 폐가 성숙해지기 시작하여 계속 발달하고
청각이 거의 완성되며, 빛에 대한 반응도 나타낸다.

● 임신 9개월 : 태아의 신장은 47cm, 체중은 2.5kg 정도이
며, 태아의 청각과 시각이 발달되어 외부 자극에 더욱 뚜렷한
반응을 보이기 때문에 엄마의 배에 강한 빛을 쏘이면 태아는
빛을 피하려고 얼굴을 돌리거나 눈을 감는 반응을 보인다.

● 임신 10개월 : 태아의 신장은 50cm, 체중은 3.4kg 정도
이며, 태아의 크기가 증가하고 양수의 양이 감소하여 태아의
활동 공간이 좁아지므로 태동은 다소 약해진다. 이 시기에

태아가 출생하면 울음소리가 크고 팔다리를 활발히 움직이며 근육의 장력이 양호하고, 반사적으로 젖을 빨게 된다.

배병철, 《다시 보는 태교신기》 중에서

맛있는 옥수수를 먹기 위해서는 좋은 옥수수 씨앗을 심어야 합니다. 마찬가지로 부모가 자녀를 훌륭한 사람으로 키우기 위해서는 태아일 때부터 태교를 잘하여 좋은 성품의 아이를 출산해야 합니다. 태교를 잘하면 부모가 20년 이상 고생할 것을 100분의 1로 줄일 수 있습니다.

성경암송태교가 좋은 성품의 아이를 만든다

그렇다면 하나님을 믿는 크리스천 엄마들은 어떤 태교를 해야 할까요? 저는 믿음으로 성경암송태교가 태교 중에 으뜸이라고 고백합니다.

기독교인이 할 수 있는 가장 좋은 태교는 하나님의 말씀을 통째로 암송하는 것입니다. 하나님의 말씀을 통째로 암송하면 마음이 깨끗해지고 바른 생각과 좋은 생각을 할 수 있을 뿐만 아니라, 암송한 말씀을 묵상하면서 하나님의 은혜를 날마다 깨달을 수 있습니다. 이것이 바로 성경암송태교의 본질입니다. 이렇게 성경암송태교로 이 세상에 나오는 아이들은 좋은 성품을 가지고 태어날 수

밖에 없습니다. 그래서 저와 아내는 세 아이를 모두 성경암송태교로 낳았습니다. 우리 아이들이 다른 아이들에 비해 밝고 잘 웃는 것은 모두 태교를 잘했기 때문이라고 생각합니다.

저의 스승인 303비전장학회의 여운학 장로님은 성경암송태교로 이 세상에 태어나는 아이들을 가리켜 '신인류新人類'라고 부릅니다. 성경암송태교로 이 세상에 태어난 아이들은 우리와는 차원이 다른 성품을 가지고 있기 때문입니다.

임신을 하자마자 암송태교를 시작하면 더할 나위 없이 좋겠지만, 아무리 늦어도 임신 7개월 때부터는 암송태교를 해야 합니다. 임신 7개월 때부터 태아가 바깥소리를 듣고 임신 8개월에 태아의 청각이 완성되기 때문입니다.

이 시기에 태아가 가장 좋아하는 소리는 역시 엄마의 부드러운 목소리입니다. 부부싸움으로 인한 고함소리는 엄마의 감정이 극도로 흥분된 상태에서 나온 것이기 때문에 뱃속 아기가 가장 싫어한다고 합니다. 반대로 아빠가 엄마를 사랑한다고 속삭이고, 엄마 아빠가 함께 성경암송을 한다면 태아가 얼마나 좋아하겠습니까?

또한 임신 7개월 때부터 태아의 사고력이 발달하기 때문에 엄마가 태아와 함께 말씀을 암송하면 태아의 뇌 기능이 더욱더 활발해질 수 있습니다.

🍃 엄마의 태교

그렇다면 태교는 누가 하겠습니까? 물론 산모의 태교가 가장 중요합니다. 엄마는 태아를 쓰다듬는 기분으로 배를 어루만지면서 태아와 대화를 시도합니다.

"빈아, 엄마와 함께 암송하자."

"네, 알았어요. 엄마."

태아가 이렇게 대답했다고 믿고 암송을 시작합니다.

"여호와는 나의 목자시니 내게 부족함이 없으리로다 그가 나를 푸른 풀밭에 누이시며 쉴 만한 물 가로 인도하시는도다. 시편 23편 1절부터 2절까지의 말씀."

태아와 함께 보조를 맞춰 암송하고 있다고 생각하고 편안한 마음으로 천천히 말씀을 외우면서 말씀의 은혜를 누리세요. 억지로 암송하면 엄마의 스트레스가 탯줄로 연결된 태아에게도 전이되기 때문에 최대한 편안한 마음으로 암송을 해야 합니다. 엄마의 마음이 곧 태아의 마음임을 잊지 마세요.

제 아내는 첫째 아이를 임신했다는 사실을 알고 직장을 그만두었습니다. 2001년도 당시 제가 받은 교육전도사 사례비가 월 50만원이었기 때문에 아내가 직장을 포기하는 일은 쉽지 않은 결정이었습니다.

어떻게 보면 저와 아내는 너무나 단순했습니다. 아내가 일을 하면 아이를 잘 양육할 수 없다는 이유 하나만으로 아무런 경제적인 대책도 없이 직장을 포기했으니까요. 쌀만 떨어지지 않으면 되고, 돈이 아닌 엄마아빠의 사랑으로 아이를 키우면 된다는 생각이었습니다.

저는 직장 생활을 하는 여성들이 임신을 하면 좀 어렵더라도 태교를 위해 직장을 휴직하거나 그만두는 편이 좋다고 생각합니다. 그렇지 않으면 직장과 가정에서 받는 스트레스가 심해서 태교를 잘할 수 없기 때문입니다.

🌱 아빠의 태교

둘째로 가정에서 태교를 해야 할 사람은 아빠입니다. 암송태교는 엄마 혼자 하는 것이 아닙니다. 아빠도 암송해야 합니다. 비록 아빠는 엄마처럼 아이와 탯줄로 연결되어 있진 않지만, 태아에게는 청력이 있기 때문에 아빠가 암송하는 소리를 들을 수 있습니다.

먼저 부드러운 목소리로, 태아와 대화를 시도합니다.

"조이야, 아빠와 함께 하나님의 말씀을 암송하자."

"네, 알았어요. 아빠."

아빠는 태아가 이렇게 대답했다고 믿고 암송을 시작합니다.

"복 있는 사람은 악인들의 꾀를 따르지 아니하며 죄인들의 길에 서지 아니하며 오만한 자들의 자리에 앉지 아니하고 오직 여호와의 율법을 즐거워하여 그의 율법을 주야로 묵상하는도다. 시편 1편 1절부터 2절까지의 말씀."

손을 엄마의 배 위에 올려놓고, 부드럽고 사랑스런 목소리로 태아와 함께 천천히 암송을 하는 것입니다.

남편들에게 일러두고 싶은 말이 있습니다. 아내가 임신했다는 사실을 확인한 순간부터 아내의 종이 되리라 결심하십시오. 결혼 전에 아내의 마음을 얻기 위해 이벤트를 하고 모든 애정공세를 펼쳤던 것보다 더 열심히 아내를 위해주십시오. 남편은 아내가 태교를 잘할 수 있도록 모든 편의를 제공해야 합니다. 자녀의 성품이 이 시기에 달려 있기 때문입니다. 아내가 아무리 마음에 들지 않아도 이 시기만큼은 아내를 여왕으로 모셔야 한다는 것이 저의 일관된 지론입니다.

저는 아내가 첫아이를 임신했을 때 암송을 많이 들려주었습니다. 아이가 태어난 후에는 아이를 가슴에 안고 동네 주변과 산길을 산책하면서 말씀을 들려주었습니다. 아들을 가슴에 안고 아차산을 산책하면서 암송했던 기억은 행복한 추억으로 남았습니다.

시어머니의 태교

셋째로 가정에서 태교를 해야 할 사람은 시어머니입니다. 며느리가 임신한 순간부터 시어머니는 며느리 시절로 돌아가야 합니다. 며느리가 태교를 잘하고 못 하느냐에 따라 손자손녀의 성품이 결정되기 때문입니다.

태교의 중요성을 아는 시어머니는 절대 며느리를 시집살이시키지 않습니다. 물론 요즘 시집살이시키는 시어머니가 어디 있겠느냐마는 며느리가 태교를 잘할 수 있도록 절대적인 배려를 해야 합니다. 아예 며느리가 없다고 생각하고 자신이 살림을 하는 편이 좋습니다. 시어머니가 그렇게 살아야 하는 이유는 무엇일까요? 네, 손자손녀를 위해서입니다.

이렇듯 태교는 온 가족이 함께 하는 것입니다. 온 가족이 태교를 하는 가정은 분명 행복한 가정입니다. 모든 구성원이 자녀교육의 중요성을 알고 자기 자신을 헌신하여 다른 가족들을 배려할 줄 알기 때문입니다. 후손을 위해 시부모는 시부모의 권리를 포기하고, 남편은 남편의 권리를 포기하고, 아내는 아내의 권리를 포기하는 가정이 행복하지 않은 것이 오히려 이상한 일이지요.

영유아를 위한 **단계별 암송법**

암송훈련에 임하는 부모의 마음가짐

자녀를 성경암송으로 양육하는 것은 그리 쉬운 일이 아닙니다. 왜냐하면 자녀가 암송을 생활화하기까지는 몇 개월이 아니라 몇 년이고 엄마가 계속 옆에서 도와줘야 하기 때문입니다. 이때 부모의 마음가짐이 매우 중요합니다.

엄마아빠의 확신이 중요하다

저의 경우에도 자녀를 낳고 암송훈련을 하는 과정이 그리 순탄하지 않았습니다. 저와 아내는 암송태교로 자녀를 낳은 다음, 말도 못하는 아이를 가슴에 안고 말씀을 많이 들려주었습니다. 그리고 아이가 말을 하기만을 기다렸습니다. 하루라도 빨리 아이와 함께 암송하고 싶었기 때문입니다.

발음도 제대로 하지 못하는 25개월 된 아이에게 "아빠 따라 해 보세요" 하면서 창세기 1장 1절(태초에 하나님이 천지를 창조하시니라)과 요한복음 4장 24절(하나님은 영이시니 예배하는 자가 영과 진리으로 예배할지니라)을 따라 하게 했던 일은 즐거운 추억이 되었습니다. 아이가 얼마나 또랑또랑하게 따라 하던지 지금도 생각날 때마다 당시 녹음해놓았던 테이프를 들어봅니다.

저는 이렇게 아이들에게 가장 우선적으로 암송훈련을 시켰습니다. 그런데 어느 날, 할머니 앞에서 곧잘 시편 23편과 고린도전서 13장 암송 시범도 잘 보이던 아이가 암송하는 것을 힘들어하는 것이었습니다. 물론 아이 입장에서는 무슨 말인지 이해도 되지 않는 말을 반복하며 암기하는 것이 재미없었을 것입니다. 하지만 무엇보다 아이로부터 "암송하는 것이 가장 재밌다"라는 말을 듣고 싶었던 저로서는 하늘이 무너지는 것 같았습니다.

게다가 둘째 아이 조이가 태어나면서 암송훈련을 조금이라도 쉬면 첫째 아이가 그때까지 암송했던 말씀을 금방 잊어버렸습니다. 급기야 다섯 살이 되면서 네 살 때 암송했던 말씀을 통째로 잊어버리기도 했습니다. 그런 모습을 지켜보면서 저는 끝없는 인내를 배워야만 했습니다.

사실 저는 암송훈련 강의를 하면서 첫째 아이 빈이가 얼마나 암송을 잘하는지 사람들에게 보여주고 싶었습니다. 자녀들을 데리고 다니면서 암송 시범을 보이면 강의 내용이 사람들에게 더욱더 영향을 미칠 것 같았기 때문입니다. 하지만 저는 그렇게 할 수 없었습니다. 아이가 암송하는 것을 싫어하지는 않았지만 그렇다고 그리 많은 절을 암송하는 것도 아니었기 때문입니다. 그럼에도 불구하고 제가 자신 있게 강의를 할 수 있었던 이유는, 하나님의 말씀만이 내 자녀를 지킬 수 있다는 확신 때문이었습니다.

지금도 빈이(8살)는 많은 절을 암송하지 못합니다. 1, 2년 사이에 100절 이상 암송하는 아이들에 비해 그 분량이 상당히 적지요. 하지만 저는 우리 아이를 절대 낮게 평가하지 않습니다. 한번 생각해 보십시오. 1, 2년 동안 100절 암송한 아이와 7년 동안 100절 암송한 아이 중에 누가 더 훌륭합니까? 겉으로 보기에는 짧은 기간에 많은 절을 암송한 아이가 더 낫다고 볼 수 있습니다. 하지만 사실은 그렇지 않습니다. 7년이라는 기간 동안 어렵게 시행착오를 거치면서도 포기하지 않고 끝까지 암송하는 아이가 더 훌륭합니다. 그런 면에서 저는 우리 아이에게 많은 점수를 주고 있습니다.

자녀에게 암송훈련을 시작했지만 아직 성공적으로 진행하고 있지 못한 분들이 있다면 제 사례가 많은 도움이 되었으면 좋겠습니다. 중요한 것은 강한 확신을 가지고 늘 도전하는 것입니다.

🐢 거북이처럼 느리지만 꾸준하게

조급한 마음은 암송훈련 실패의 지름길입니다. 부모들은 아이에게 많은 기대를 겁니다. 어린이집에 가서 한글을 배워오면 아이가 한글을 빨리 깨쳤다고 '혹시 천재는 아닌가' 생각하며 좋아합니다. 선교원에서 영어나 중국어를 몇 단어 배워오면 아이가 앞으로 영어나 중국어를 잘할 것처럼 생각합니다. 하지만 현실은 그렇지 않습니다. 영어 단어 몇 개 안다고 영어로 대화를 할 수 있는 것은 아닙니다.

암송훈련에 있어서도 부모들은 자기 아이가 다른 아이들처럼 암송을 많이 할 수 있을 거라고 기대합니다. 하지만 오히려 그런 성급한 마음이 암송훈련에 장애가 됩니다.

특히 5살 미만의 어린 자녀들에게는 더더욱 그렇습니다. 이 시기의 아이들에게는 많은 절수를 암송하게 하는 것보다, 암송이 스트레스가 되지 않도록 환경을 만들어주는 것이 절대적으로 필요합니다. 절수에 얽매이지 말고 한 절 한 절 천천히 암송을 시키세요. 단 한 절, 단 1분밖에 암송을 하지 않더라도 서두르지 않는 것이 중요합니다. 다만 매일 꾸준하게 암송훈련을 하겠다는 엄마의 의지만은 확고해야 합니다.

막내딸이 올해 3살인데 처음에는 시편 23편 1절밖에 할 수 없었습니다. 2절을 하려고 하면 다른 행동을 했기 때문에 더 진도를 나갈 수 없었습니다. 하지만 저는 그럴 때마다 바로 멈췄습니다.

요즘은 아이가 시편 23편을 6절까지 다 따라 합니다.

이처럼 7살 미만까지는 아이가 암송을 재미있게 할 수 있도록 도와주는 것이 중요하지만 아이가 조금 크면 엄마의 의지에 아이의 의지가 결합되어야 합니다. 이때 엄마는 아이에게 동기부여를 충분히 해줘야 합니다. 그래야 아이가 스트레스를 받지 않고 스스로 충분히 해나갈 수 있습니다.

저희 교회에는 '303비전 꿈나무 모범생'이 세 명(9살, 11살, 14살) 있습니다. 이 아이들은 1, 2년 사이에 180~250절을 암송했습니다. 얼마나 암송을 잘하는지 이 아이들이 암송하는 모습을 보면 누구나 감탄을 금치 못합니다. 이 경우는 엄마의 강한 의지와 아이들의 의지가 결합된 경우입니다.

❖ 미래에 대한 청사진을 글로 작성하라

미래에 대한 청사진을 그리는 사람은 나라를 움직일 수 있는 지도자가 될 수 있습니다. 같은 맥락에서 자녀의 미래에 대한 청사진을 그리는 부모는 자녀를 그리스도의 제자로 훈련할 수 있습니다. 특히, 비전선언문을 작성하는 부모는 자녀를 양육하는 태도가 다릅니다. 저의 예를 들어보면 이렇습니다.

- 성경암송으로 모든 문제와 갈등을 해결하는 아이

- 신학대학원 준비생만큼 말씀에 대한 지식이 있으면서 묵상의 깊이도 있는 아이
- 국제적인 아이(영어 및 다른 언어에 탁월한 아이)
- 예체능에서도 한 가지씩 잘하는 아이

1년, 2년, 3년 후 비전선언문을 다시 보고 무엇을 이루었고 무엇을 이루지 못했는지 확인하는 것이 좋습니다. 그리고 선언문에 추가할 비전과 구체적인 실천 계획을 계속해서 세워나가세요.

5살 미만의 아이들을 위한 단계별 암송법

아이가 태어난 이후 저와 아내는 아이가 암송을 많이 했으면 좋겠다는 바람으로 여러 가지 방법을 시도했습니다. 지금부터 그 방법들을 공개하겠습니다.

미취학 어린아이를 대상으로 하는 방법이기 때문에 아이의 수준과 상황에 따라 저희의 방법이 적절하지 않을 수도 있습니다.

우유를 먹이며 암송하라(1~2살)

모든 것이 서툴지만 아이와 함께 있는 시간이 마냥 행복한 것이 첫아이를 둔 엄마들의 마음입니다.

이 시기의 아이들은 말은 하지 못하지만 소리에는 반응합니다.

그렇기 때문에 엄마가 부드럽고 사랑스러운 목소리로 아이와 눈을 마주치며 암송하는 일은 아이에게도 엄마에게도 참 행복한 일입니다. 보통 수유 시간은 2시간에 한 번씩 10~30분 정도 걸리는데, 그 시간 동안 아기에게 엄마의 암송 소리를 들려주세요. 아이가 오랫동안 분유나 젖을 먹을 수 있도록 엄마가 편한 자세로 앉은 다음 쿠션을 받쳐서 아이를 가슴에 밀착시켜 포근히 안는 것이 좋습니다.

저녁에 아빠가 퇴근하면 부부가 어린 아기를 안고 암송가정예배를 드립니다. 비록 아이는 아무런 반응을 보이지 않지만 아이와 함께 암송하는 부부의 모습은 이 세상에서 가장 아름다운 모습이라 할 수 있습니다. 저희 가족은 빈이가 태어나고 1년 동안 매일 밤마다 시편 1편을 외우며 암송가정예배를 드렸습니다.

🌱 아이가 낮잠을 자는 시간을 활용하라 (2~3살)

아이들이 2, 3살인 경우 낮잠을 재우는 방법은 여러 가지입니다. 그중 엄마가 아이를 업은 상태에서 암송을 하면 참 좋습니다. 30분에서 1시간 동안 잠투정하는 아이를 업고 있는 일은 힘들고 지루합니다. 하지만 이 시간에 엄마가 암송책을 들고 암송 소리를 들려주면 보람을 느낄 수 있습니다. 아이를 업은 상태에서 집안일을 하는 것도 유익하겠지만 아이를 업고 암송하면 아이를 재우는 시간이 오히려 즐거운 시간이 될 것입니다.

만약 암송책을 찾아서 들고 하는 것이 번거롭다면 암송 내용을 벽에 붙여서 암송하세요.

❤️ 성대하게 파티를 열어주라 (3~4살)

이 시기의 아이들은 성별에 따라서 차이는 있지만 발음이 명확하지 않아서 한 절을 암송하기도 쉽지 않습니다. 그래서 아이가 혼자서 한 절을 완벽하게 암송할 때마다 사탕이나 스티커를 주면서 칭찬을 하면 아이가 매우 신이 나서 더 열심히 하려고 합니다. 아이들은 칭찬받는 것을 좋아하지 큰 상을 원하는 것이 아닙니다.

아이들이 시편 1편 1절부터 6절까지 여섯 절을 다 암송했을 경우에는 마치 생일잔치처럼 친구들이나 교회 아이들을 불러서 '시편 1편 암송 축하파티'를 열어주면 좋습니다. 암송은 즐겁고 재미있다는 것을 각인시켜주는 것입니다.

❤️ 할아버지 할머니 앞에서 암송 재롱잔치를 열어주라 (3~4살)

믿는 조부모라면 손자손녀가 성경을 암송하는 모습만 봐도 커다란 기쁨을 느낍니다. 설령 믿지 않는 조부모더라도 손자손녀들이 유창하게 말을 하면 기뻐하기 마련입니다. 그렇기 때문에 조부모 앞에서 아이들에게 암송 재롱잔치를 열어주면, 조부모님과 함께 암송훈련의 즐거움을 나눌 수 있을 뿐만 아니라 아이들에게도 자부심과 자신감을 심어줄 수 있습니다. 그리고 무엇보다도 조부모라는 암송훈련의 든든한 후원자를 얻게 됩니다.

🕊 암송의 역사를 남겨라(말을 따라 할 수 있을 때부터)

암송 재롱잔치를 하는 모습이나 평상시에 암송하는 모습, 그리고 목소리를 기록으로 남겨놓으면 두고두고 유용합니다. 아이가 자라는 사이사이에 가끔씩 동영상을 보여주면 아이가 자신의 모습과 목소리에 반응하고 즐거워하면서 암송에 대한 자부심과 기쁨을 맛보게 됩니다. 또한 부모도 아이의 암송 역사를 되돌아보면서 큰 기쁨을 누릴 수 있습니다. 갓 말을 배운 아이가 겨우 한 단어씩 따라 하는 모습이나 목소리를 기록하면 1, 2년 후에 가족 모두에게 큰 기쁨과 가슴 벅찬 감격을 안겨줄 것입니다.

🕊 암송산책을 하라(4~5살)

어린이집이나 유치원에 보내지 않아서인지 우리 아이들은 교회에 가는 것뿐만 아니라 밖에 나가는 것을 너무 좋아합니다. 심지어 새벽기도하러 가자고 하면 새벽에 일어나는 것도 마다하지 않고 금방 일어납니다. 저와 아내는 그런 아이들의 성향을 이용해서 '암송산책'을 시도했습니다. 여기서 아내의 암송일기를 보여드리겠습니다.

아이들이랑 저녁을 먹고 7시 30분에 한국외대로 암송산책을 나갔다. 빈이가 걸으면서 암송하는 것을 좋아하기에 시편 23편을 반복해서 연습하다가 고린도전서 13장 1~4절을 암송했다. 비가 부슬부슬 내렸지만 암송하기 위해 일부러 종종걸음으로 다녔다. 빈이는 분홍 우산을, 나와 조이는 가족용 대형 우산을 썼는데 비가 부슬부슬 내려서 걸을 만했다. 암송하며 한국외대 운동장을 한 바퀴 걸었다. 나는 조이를 업고 걸었기에 몹시 무릎이 아팠지만 나오길 잘한 것 같다. 빈이는 걷는 건지 암송하는 건지 그냥 걷고 또 걷고…마냥 좋은가보다. 오늘은 암송산책 처음이니 30분만 했다. 밖에 나가는 것을 좋아하는 빈이에게는 암송산책이 좋은 것 같다. 부디 즐겁게 암송하기를….

알아두면 유용한 암송훈련 요령

자투리 시간을 이용하라

암송은 정해진 시간에 하면 더욱더 좋지만 언제든지 자투리 시간을 이용하는 것도 좋은 방법입니다. 자투리 시간을 이용하는 것은 엄마의 강한 의지가 있으면 언제든지 할 수 있습니다. 청소를 할 때든지, 차를 타고 갈 때든지, 아니면 걸어갈 때든지 틈틈이 아이와 함께 암송하면 됩니다.

4살 된 빈이는 아직 글쓰기를 해보지 않아 손에 정교함이 전혀 없다. 게다가 남자아이라 그런지 꼼꼼함이 부족하기 때문에 색칠하고 싶다고 하면 은근히 반갑다. 하지만 혼자 하면 재미없어하기 때문에 나도 같이 암송을 하며 색칠했다. 그러자 빈이가 자기도 암송을 하고 싶다고 한다. 내친김에 고린도전서 13장 4절, "사랑은 오래 참고 사랑은 온유하며 시기하지 아니하며 사랑은 자랑하지 아니하며 교만하지 아니하며"를 계속 하니비 암송법으로 했다. 자투리 시간을 암송으로 연결할 수 있어 기뻤던 하루였다.

　　엄마는 청소기를 돌리고 빈이는 걸레질을 하고 조이와 늘봄이는 노는 청소 시간. 로마서와 갈라디아서와 마태복음 말씀을 녹음해서 1시간여 동안 들었다. 내키면 따라서 암송도 해본다. 항상 일석이조를 꿈꾸는 엄마의 아이디어다.

어학기를 활용하라

　　우리 가족이 주로 활용하는 암송법은 하니비 암송법입니다. 그런데 아이들이 종종 지루함을 느끼기도 합니다. 이때 아이는 여러 가지 핑계를 댑니다. 우리 빈이가 주로 하는 핑계는 목이 아프다는 것입니다. 진짜 목이 아픈 것일지도 모릅니다. 그래서 제 아내가 생각해낸 방법이 어학기를 활용하는 것입니다. 어학기를 활용하

면 여러모로 좋습니다. 아이가 직접 자신의 목소리를 녹음하면서
재미있게 암송할 수 있지요.

 아침에 암송으로 하루를 열었다. 신명기 6장 셰마 말씀. 외웠
던 말씀이지만 한동안 하지 않았더니 군데군데 막혔다. 다시 다지
자는 마음으로 어학기에 몇 번 녹음하다가 늘봄이가 우는 바람에
녹음이 엉망이 되어서 다시 또 녹음했다. 사실은 빈이가 녹음하도록
하면서 한 번 더 연습하게 만드는 것이다. 수요예배 후 집에 오는
차 안에서 빈이에게 오늘 암송한 것을 해보라고 했더니 신나게 암
송을 한다. 자신이 있으니 신이 나겠지. 지금 옆에서 이 글을 보던
빈이가 다시 암송해본다고 한다. 줄줄줄~ 빈아, 기특하구나!

 어학기로 신명기 셰마 말씀을 녹음해서 조이에게 들려주었
다. 조이가 소파에 누워서 흘러나오는 말씀을 따라 한다. 설거지
를 끝내고 방에 가서 보니 여전히 소파에 누워서 듣고 있다. 저녁
암송가정예배 시간에 조이에게 신명기 말씀을 주문했더니 그동
안 3절 정도 했는데 이제는 6절 모두 얼추 한다. 아직 발음이 아기
같지만 무슨 말인지 알아들을 수 있다. 할렐루야!

 빈, 조이, 엄마는 방에서 말씀을 반복해서 들었다. 듣기만 하

다보니 저마다 편한 자세로 앉아 있다가 서서히 눕기 시작했다. 누워서 말씀을 암송한다는 것이 왠지 이상하게 여겨졌지만 어느새 40분이 지나갔다. 말씀을 암송해보겠다는 의지로 빈, 조이, 엄마가 몸부림을 치는 것이다. 경건한 자세는 아니지만 왠지 말씀과 함께 하는 일상이 기쁘다. 이 난리 속에서 늘봄이는 쿨쿨 낮잠을 잤다.

어학기를 활용하면 아이가 스스로 목소리를 녹음하기도 하고, 자신의 목소리가 다시 어학기를 통해 나오는 것을 들으며 즐거워합니다. 그래서 10분 정도는 어학기로 넉넉하게 암송할 수 있습니다.

암송할 때는 집중력이 필요합니다. 그래서 의지를 들여서 암송하는 것이 매우 중요합니다. 하지만 아이들이 항상 집중해서 외울 수는 없습니다. 그래서 저희는 어학기로 아이들이 암송 구절을 흘려 듣게 합니다. 아이들이 가베놀이를 하거나 장난감을 가지고 놀 때 말씀을 반복하여 들려주는 것입니다.

시편 1편과 100편 암송 후 갈라디아서 2장 20절 말씀, "내가 그리스도와 함께 십자가에 못 박혔나니 그런즉 이제는 내가 사는 것이 아니요 오직 내 안에 그리스도께서 사시는 것이라 이제 내가 육체 가운데 사는 것은 나를 사랑하사 나를 위하여 자기 자신을 버리신 하나님의 아들을 믿는 믿음 안에서 사는 것이라"를 계속 반복했다. 같이 암송하면 잘 외우는데 빈이 혼자서는 능숙하지 못하다. 빈이가 레고를 하며 노는 동안 어학기에 말씀 한 절을 녹음해서 30분 동안 '흘려듣기'를 했다. 반복의 힘을 믿으며…. 어학기는 잔소리도 하지 않고 묵묵히 암송을 도와준다. 30분 동안 반복해주는 어학기가 있어 행복하다.

♥ 가지치기를 하라

우리 빈이의 일과는 매우 많습니다. 성경암송, 성경읽기, 영어 성경읽기, 영어 노출을 위한 영어 방송 보기, 리틀팍스(www.littlefox.co.kr, 영어교육 전문 사이트) 하기, 책읽기, 양치질하기(저희 집에서는 양치질도 아주 중요한 일과 중 하나입니다), 《사자소학》으로 한자 익히기, 중국어 노출, 인터넷으로 장기나 바둑 두기(장기와 바둑은 아이에게 생각하는 힘을 길러주기 위해 가르친 것인데 빈이는 신기할 정도로 장기와 바둑에 매력을 느끼는 것 같습니다).

이렇듯 빈이의 시간 활용 능력은 정말 놀랍습니다. 노는 시간조차 버릴 것이 없습니다. 하지만 아이의 홈스쿨링을 주도하는 아내는 암송을 위해 이러한 것들을 가지치기해야 할 필요를 느꼈나봅니다.

암송의 바다에 빠져보려고 다른 일과들을 가지치기했다. 농부가 가지치기를 잘해야 탐스런 과실을 얻을 수 있는 것처럼 말이다. 중국어와 영어 노출은 계속하면서, 엄마랑 함께하는 일과로는 영어성경읽기(오디오북)와 암송만 해보려 한다. 다른 것을 해야 한다는 부담감이 없으니 시간에 쫓기지도 않고 마음 편하게 빈이가 그만두자고 할 때까지 암송만 한다. 빨리 달려가야 할 목표도 없고 그저 느긋이 천천히 간다. 암송의 습관화를 위해.

　　데살로니가전서 2장 13절과 요한복음 15장 1~5절을 암송했다. 빈이에게는 발음하기도 어렵고 이해하기도 어려운 말씀이지만 한 시간 동안 하니비 암송법으로 암송해보고, 그냥 10번씩 읽어도보고, 암송책을 덮고 엄마 말소리를 따라 해보기도 하면서 느긋느긋 하게 했다. 즐거운 시간이었다. 빈이도 즐거웠다 해준다.

　　현재 빈이는 암송훈련만 하고 있지 않습니다. 가지를 친다고는 했지만 다른 것들도 어느 정도 필요하기 때문입니다. 특히 홈스쿨링을 하다보니 더욱 그렇습니다. 다만 암송을 가장 우선순위에 두고 나머지 것들을 하고 있습니다.

아이가 암송을 지겨워하거나 어려워하지 않도록 암송을 게임으로 하기도 합니다. 엄마의 지혜가 돋보이는 방법입니다.

> 게임처럼 먼저 외우기 시합을 하자고 제안했다. 마태복음 5장
> 1절부터 9절까지를 누가 먼저 틀리지 않고 암송하는지 매번 게임
> 처럼 했다. 빈이가 암송 시간이 길다는 느낌을 받지 못하는 듯했
> 다. 오늘은 성공이다!

> 요한복음 1장을 외우는 요즘, 말도 어렵고 내용도 어려워서 빈
> 이가 슬슬 꾀가 나는지 예전에 암송했던 마태복음 5장의 '팔복'
> 을 외워보자고 한다. 먼저 1절부터 5절까지 누가 먼저 외우나 시
> 합을 했다. 가위바위보를 해서 이긴 사람이 먼저 시작한 다음 틀
> 리면 바로 "땡!" 하고 다음 사람이 외우기 시작한다. 빈이에게 자
> 신감과 재미를 주기 위해 엄마는 일부러 틀려준다. 아직 어린 빈
> 이는 엄마가 틀리는 게 재미있는지 더욱 열을 내서 암송한다.

◀ 암송 총복습

암송을 하다보면 누적이 쉽지 않다는 것을 깨닫게 됩니다. 특히
아이들의 경우 부모가 잠시라도 긴장을 늦추면 전에 암송했던 말

씀을 쉽게 잊어버립니다. 그렇기 때문에 아이가 암송했던 말씀도 계속 기억할 수 있도록 복습을 시켜야 합니다.

30분간 마태복음 5장 1~16절을 암송했다. 예전에 다 외운 말씀이라 5절씩 5회 반복하는 식으로 암송 연습을 했다. 빈이 혼자 암송해보고 완전히 성공하면 다음 절로 넘어간다. 외운 말씀인데도 꼬박 30분이 걸린다. 외운 말씀을 잊어버리지 않게 하기 위해 다지기 작업을 하는 것이다. 암송을 누적하는 일은 쉽지 않다는 것을 새삼 깨닫는다. 200~400절을 암송하고 있는 아이들도 다지기 시간을 많이 가졌겠지. 303비전 꿈나무 아이들이 존경스러워지는 날이다.

누적은 쉽지 않기 때문에 가끔 총복습을 해야 합니다. 저희 교회의 303비전 엄마인 황 집사님은 매일 100절까지는 반복해서 암송을 시킨다고 합니다. 아이들이 겨우 초등학교 1학년과 3학년인데도 황 집사님의 열정은 대단합니다.

이보다 더 어린 아이들은 매일 반복해서 암송하기가 쉽지 않습니다. 결국 잊어버리기를 반복하면서 암송에 구멍이 납니다. 그렇기 때문에 부모는 아이의 수준에 맞춰서 적당하게 총복습을 반복하면서 암송을 해야 합니다.

암송가정예배를 드릴 때 각자 암송하고 싶은 말씀을 외우다보면, 빈이의 암송에 구멍이 많이 나는 걸 보게 된다. 어떤 때는 되고 어떤 때는 안 되는 식이다. 그래서 빈이와 조이를 한방에 불러놓고 그동안 암송한 말씀을 어학기에 순서대로 틀어놓았다. 그리고 어학기에서 흘러나오는 암송 소리에 맞춰 다 같이 암송을 해보았다.

오늘이 총복습 이틀째인데, 이 방법이 빈이의 구멍 난 암송을 좀 메워주는 것 같다. 아이가 못 외우는 부분이나 정확하게 따라하지 않은 부분은 다시 어학기로 반복하여 성실히 소리 내서 암송하도록 했다. 유니게 1단계 과정의 요한복음 1장까지 하는데 34분이 걸렸다. 지루해하는 것 같지만 엄마랑 함께하기에 참을 수 있어 보인다. 내일은 더 나아질 거라 생각하며, 화이팅!

15분 암송법

유니게 1단계 100절을 한 번 외우는 데 걸리는 시간은 15분 정도 입니다. 15분은 아이들이 연습하기에 적당한 시간입니다. 아침 저녁으로 한 번씩 하면 하루 30분 정도 암송하게 됩니다. 거기에 암송가정예배까지 드리면 하루치 암송 분량으로 딱 적당한 것 같습니다. 절대로 욕심낼 필요가 없습니다. 10분만 해도 만족할 줄 알아야 합니다. 오늘보다 내일이 낫고 내일보다 모레가 나아질 거라는 기대를 갖고 여유롭게 하는 것이 중요합니다.

유니게 1단계 100절을 시디로 돌리면 15분 정도 걸린다. 아침에 눈을 뜨고 이불 속에 누워서 몸이 깰 때까지 15분 동안 시디를 틀어놓는다. 고린도전서 13장부터 차례대로 듣는다. 빈이는 그냥 듣기도 하고 따라 하기도 하고 딴짓도 한다. 그래도 만족이다. 이렇게 듣다보면 저절로 암송이 되겠지.

들기가 조금 부족했던 요한복음 1장과 15장은 리모컨으로 다시 재생시켰다. 빈이는 그것도 모른 채 또 따라 한다. 빈이의 암송 훈련을 마친 후 조이와 늘봄이를 위해 시편 23편 1절부터 3절까지 '반복재생' 해놓았다. 엄마가 열심히 소리를 내서 따라 하는 시늉을 해보지만 아이들은 멀뚱멀뚱 쳐다보기만 한다. 그래도 좋다. 계속 말씀을 듣고 있으니 조금 더 자라면 따라 할 날도 오겠지. 10분 내지 15분 암송법으로 하니 엄마도 힘들지 않고 시간이 빠르게 가서 좋다.

성경암송대회는 지혜롭게 하라

교회 또는 노회별로 성경암송대회가 열립니다. 평소에 가정에서 자녀들에게 암송훈련을 하고 있는 부모는 대회에서 최우수상을 받으려는 유혹에 쉽게 빠집니다. 하지만 그 유혹에서 빨리 벗어나야 합니다. 정해진 암송 분량이 적기 때문에 대부분의 아이들이 잘 외워오기 때문입니다. 사실상 변별력이 없는 것이지요. 이런 상황에서 굳이 상을 받아야 한다고 억지로 암송시킬 필요는 없습니다. 대신 평소에 암송하던 대로 또박또박 정확하게 암송하도록 하고, 대회에 출전해보는 경험을 쌓게 함으로써 자신감을 얻는 기회로 활용하는 것이 좋습니다. 아이가 잘해서 상을 받으면 물론 좋겠지만, 상을 받지 못했다고 해도 성경암송대회에 참가한 것을 기념하는 선물을 준비해서 전달하세요. 의미 있는 암송대회가 될 것입니다.

지금까지 아내가 암송일기를 썼던 것을 토대로 암송훈련 경험을 나누었습니다. 좌충우돌했던 이야기에 많은 분들이 용기를 얻었으면 좋겠습니다.

말씀드렸듯이 현재 저희 아이들은 많은 절수를 암송하고 있지 않습니다. 5살인 조이는 이제야 말을 좀 하기 때문에 요사이 본격적으로 암송훈련을 하고 있지요. 암송 분위기를 만들어가는 과정이라 생각하고 천천히 하고 있습니다. 3살 된 늘봄이는 언어가 조이보다는 좀 빠른 편이어서 지금부터 한 절씩 따라 하게 하고 있습니다.

이처럼 아이들이 더딘 상황이라 할지라도 엄마들이 암송훈련에 대한 분명한 확신만 있다면 반드시 자녀를 말씀으로 잘 양육할 수 있을 것입니다.

자녀가 초등학교에 들어간 경우에는 엄마의 강한 의지에 아이의
의지가 더해져 시너지 효과를 낼 수 있으므로 1, 2년 안에 암송을
잘하게 될 것입니다. 그리고 암송한 말씀을 스스로 적용할 줄 알기
때문에 아이가 성경암송의 능력을 직접 경험하게 될 것입니다.

암송이 너무 재미있어요
1,000절까지 암송해볼래요

황미라 집사 303비전 꿈나무 모범생 이찬영(초4), 이주영(초2) 엄마

말씀을 가까이하는 가정이 되어야겠다는 생각이 한창 나를 괴롭히고 있을 때쯤 남편을 따라 두 아이와 함께 청소년부 수련회에 참석했다. 암송 수련회였다. 형들 사이에서 평소에 암송하고 있던 시편 1편, 23편 말씀을 외우는 찬영이와 주영이가 참 대견스러웠다.

10여 일이 지난 어느 날, 남편의 가방을 정리하는데 이슬비 암송책자가 눈에 띄었다. 호기심에 고린도전서 13장을 몇 절 암송해보았다.

그리고 그날 저녁, 귀찮아하면서 억지로 말씀을 읽는 찬영이를 보면서 순간, 아무 의미 없이 말씀을 읽히는 것보다 한 절의 말씀이라도 아이의 가슴에 새겨야겠다는 생각이 들었다. 그래서 고린도전서 말씀을 암송해보라고 했다. 10분 정도 지나자 찬영이가 고린도전서 13장 1절 말씀을 정확하게 암송했다. 이렇게 찬영이의 암송훈련이 시작되었다.

이틀 정도 지났을 때, 형이 암송하는 것을 지켜보던 주영이가 형을 따라 중얼중얼하기 시작했다. 글자도 모르면서 제법 따라 하기에, 엄마

가 불러주면 따라하는 방식으로 주영이도 암송훈련을 시작했다.

매일 한 절씩만 암송하자고 마음먹고 시작한 지 5개월이 지나자 고린도전서 13장, 신명기 6장 4~9절, 로마서 3장 23, 24절, 갈라디아서 2장 20절, 마태복음 7장 7~14절, 시편 1편 1~6절, 시편 23편 1~6절, 시편 100편 1~5절, 마태복음 5장 1~16절까지 암송할 수 있었다.

그런데 문제가 생겼다. 아이들이 초기에 암송한 말씀의 70~80퍼센트를 잊어버린 것이다. 그때까지 암송했던 것이 너무 아깝기도 하고, 아이들에게 엄마가 포기하는 모습을 보여주고 싶지 않았기에 처음부터 다시 시작하기로 마음먹었다. 대신 이제는 암송한 말씀을 잊지 않기 위해 매일 복습을 병행했다.

그리고 2008년 가을의 어느 날, 엄마를 따라 철야예배에 참석했던 찬영이의 입에서 방언기도가 터져 나왔다. 우리 가족은 너무 감격하여 하나님께 감사드렸다. 찬영이도 "말씀을 암송하니까 하나님께서 선물을 주시네"라고 고백하면서 너무 기뻐했다.

그 후 찬영이는 암송한 말씀을 붙들고 기도하는 것을 즐겨 하는 아이가 되었고, 하나님의 응답을 확실히 믿는 아이가 되었다. 게다가 찬영이가 이사야 14장 24~27절 말씀을 가지고 온 세계와 열방을 향하여 기도하기 시작하면서 우리 가족의 기도 영역도 덩달아 넓어지게 되었다.

엄마에게 의지하던 두 아이가 이제는 스스로 노력하려고 하고, 목표를 세우기도 한다. 고집을 부릴 때 암송한 말씀을 읽어주면, 반성하고 부모의 말에 순종한다. 구원의 확신을 고백하고 말씀을 읽고 이야기하는 것도 너무 재미있어 한다. 하루는 찬영이가 "엄마! 성경암송이 너무 재미있어요. 1,000절까지 목표로 암송해볼래요"라고 말하자 옆에 있던 주영이가 "너무 많은데… 그래도 형아야 같이 하자"라고 말해 엄마의 마음을 기쁘게 했다.

며칠 전부터는 아침 시간을 하나님께 드려야 한다면서 일찍 일어나서 기도제목을 적고, 기도하고, 성경암송하고, 말씀 한 장 정도 읽고 학교에 간다. "목에 칼이 들어와도 하나님과 바꾸면 안 된다"라고 서로를 격려하는 두 아이를 볼 때마다 우리 부부는 정말 행복하다. 하나님께 감사할 따름이다.

현재 찬영이는 227절, 주영이는 200절을 암송하고 있으며 아이들이 암송하는 방법은 다음과 같습니다.

1. 매일 한 절씩 반복하고 누적하여 100절까지 암송한다.
2. 100절 이상 암송했을 때는 그만큼 매일 반복하기가 쉽지 않기 때문에 화요일과 목요일에만 총복습을 하고 안 되는 부분을 체크한 후에 나머지 날에 그 부분만 집중적으로 암송한다.
3. 정말 안 외워지는 말씀은 엄마와 함께 하니비 암송법으로 암송한다.

비판을 받지 아니하려거든 비판하지 말라

이정숙 집사 303비전 꿈나무 모범생 류시훈(중1) 엄마

학교를 마치고 돌아온 시훈이가 문을 열자마자 불평을 한다. "괜히 전학 왔다", "전에 다니던 학교가 더 좋다", "이 학교는 너무 삭막해" 등등 불만이 아주 대단하다.

마산에 살던 우리 가족은 아이가 4학년 2학기에 들어설 때쯤 소위 강남의 대치동이라 불릴 만큼 학구열이 높은 창원으로 이사를 왔다. 남편 직장 문제 때문이었다.

아이는 창원의 한 초등학교로 전학한 뒤 계속 아이들과 다투었다. 특히 5학년 때부터 6학년이 된 지금까지 유독 한 아이가 심하게 시훈이를 괴롭혔다. 심지어 칼을 가지고 위협하다가 시훈이의 팔에 상처까지 입혔다. 이 정도인데 가만히 있을 부모가 어디 있겠는가. 그렇지만 나는 먼저 아이에게 뭘 원하는지, 엄마가 어떻게 하는 것이 좋은지를 물어보았다. 하지만 아이는 엄마가 학교에 찾아오거나 상대 아이를 만나는 것을 원치 않았다. 그래서 우리 가족은 그 아이의 행동이 변하기

만을 위해 기도했다. 하지만 그럴 때마다 시훈이는 같이 기도하려고 하지 않았고 그 아이를 친구로 여기고 싶어 하지도 않았다. 그 후로도 계속 시훈이는 힘들어했고 집에만 오면 자주 불평을 하고 짜증을 냈다.

그러던 어느 날, 마태복음 7장 1절을 암송하러 방에 들어갔던 시훈이가 슬픈 표정으로 나왔다. "시훈아 왜 그러니?" 하고 묻자, 시훈이는 자기가 이제껏 하나님께서 싫어하시는 행동을 했다는 걸 알게 되었다며 눈물을 글썽거렸다. 나는 아무 말 없이 아이를 가만히 안아 주었다.

사실 엄마로서 여러 가지 예화를 들어 아이를 위로할 수도 있겠지만 하나님 말씀보다 더 확실한 것은 없다. 그 일이 있은 후 아이는 암송하는 일에 더 열심을 내게 되었다. 그렇다고 시훈이를 괴롭히던 친구의 행동이 변한 것도 아니고, 시훈이가 그 아이를 미워하는 마음이 완전히 없어진 것도 아니다. 다만 말씀을 보고 말과 행동을 조심해야 한다는 것을 깨달아 생활 속에서 실천하려고 노력하는 중이다.

이제 사춘기에 접어든 아이는 가끔 반항도 하고 거친 말을 쓰기도 한다. 그럴 때마다 나는 말씀에 근거해서 훈계한다. 그러면 감사하게도 아이가 순순히 말씀에 순종하려고 노력한다.

단순한 호기심에서 암송훈련을 시작했는데 시훈이는 어느덧 250절 가량을 암송하고 있다. 첫 구절부터 마지막 구절까지 잊지 않고 암송을 유지하는 일은 해보지 않고서는 말할 수 없을 만큼 엄청난 노력이 필요하다. 그렇게까지 암송을 해야 할 필요가 있느냐고 혀를 차는 사람들도 있다. 하지만 나는 확신한다. 세월이 지나면 아이의 머리에 저장된 말씀이 마음에 뿌리를 내려 시훈이의 삶을 더욱 풍성하게 만들거라고.

> 이러므로 우리가 하나님께 끊임없이 감사함은 너희가 우리에게 들은 바 하나님의 말씀을 받을 때에 사람의 말로 받지 아니하고 하나님의 말씀으로 받음이니 진실로 그러하도다 이 말씀이 또한 너희 믿는 자 가운데에서 역사하느니라 살전 2:13

현재 시훈이는 250절을 암송하고 있고 다음과 같은 방법으로 암송하고 있습니다.

1. 매일매일 암송하는 것을 첫 번째 원칙으로 한다.
2. 50절을 암송할 때까지는 매일 누적하여 암송한다.
3. 100절 이상 되었을 때는 2, 3일 단위로 처음부터 끝까지 암송한다.
4. 안 되는 부분은 체크하여 집중적으로 암송하고, 그래도 안 되는 말씀은 엄마와 함께 하니비 암송법으로 될 때까지 암송한다.

행복한 가정의 시작,
말씀암송 가정예배

많은 사람들이 암송의 유익을 인정하고 성경암송에 도전합니다. 하지만 암송을 지속하는 사람은 그리 많지 않습니다. 암송을 하려고 하면 여지없이 마귀가 방해하기 때문입니다.

한번 생각해보십시오. 하나님의 말씀을 그냥 읽고 넘어가는 것도 아니고, 아예 머리와 가슴에 저장하고 다니는데 마귀가 좋아할 리가 없지요. 그렇기 때문에 마귀는 어떻게 해서든 우리가 암송을 하지 못하도록 방해합니다. 암송을 방해하는 마귀의 저항은 매우 심각합니다.

"성경을 전체적으로 보지 못하고 일부분만 암송하는 것은 위험

합니다."

"성경을 읽으면 되는데 왜 그렇게 힘들게 암송하세요?"

"이해도 못하는 아이에게 말씀을 암송시키는 것은 무의미해요."

심지어 목회자 중에서도 암송의 위험성을 말하는 분들이 있습니다. 하지만 이런 분들의 공통점은 성경암송을 해본 적이 없다는 것입니다. 말씀을 암송하고 성경암송의 위력을 경험한 사람은 절대로 '성경암송 무용론無用論'을 펼칠 수가 없습니다.

이렇듯 마귀의 방해 공작이 너무 심하기 때문에 암송을 시작하는 사람은 많아도 암송을 지속하는 사람은 많지 않습니다. 그래서 암송을 지속하기 위해서는 특단의 조치가 필요합니다. 그것은 바로 온 가족이 암송가정예배를 드리는 것입니다.

오늘날 가정예배를 드리는 가정은 많지 않습니다. 일주일에 1회 가정예배를 드리는 가정도 매우 경건한 가정으로 여겨지고 있습니다. 하지만 제가 말하는 암송가정예배는 일주일에 1회가 아니라 매일 하는 것입니다.

자녀에게 암송을 교육하고자 하는 부모의 거룩한 열망은 매일 밤 암송가정예배로 연결되어야 합니다. 그리고 그 열망은 자연스럽게 가족의 생활에서 TV를 멀어지게 만듭니다. TV 드라마나 뉴스를 보기 시작하면 암송가정예배를 할 수 없기 때문입니다. 또한 사라졌던 부부간의 대화가 다시 샘솟게 됩니다. 저희 부부는 대화를 너무 많이 해서 문제라는 말을 들을 정도입니다.

매일 밤마다 암송가정예배를 드리는 것을 생활화한다면 암송을 지속하게 되고, 성경암송의 유익을 누리며 행복한 가정을 만들어 나갈 수 있습니다. 제가 스스로 다짐하는 것은 저와 저의 자녀들뿐만 아니라 저의 후손들이 이 세상에 존재하는 동안 대를 거듭하여 매일 밤마다 암송가정예배를 드리도록 훈련하는 것입니다.

어떤 집사님이 한 목사님께 질문했습니다.

"목사님, 목사님의 소원은 무엇입니까?"

"네, 저는 설교하다가 하나님의 부르심을 받는 것입니다."

다른 목사님께도 같은 질문을 합니다.

"목사님, 목사님의 소원은 무엇입니까?"

"네, 저는 기도하다가 하나님의 부르심을 받는 것입니다."

저에게도 똑같은 소원이 있었습니다.

'설교하다가 하나님의 부르심을 받는다면 얼마나 좋을까?'

'기도하다가 하나님의 부르심을 받는다면 얼마나 좋을까?'

그런데 말씀을 암송하고 온 가족이 함께 암송가정예배를 드리면서 저의 소원은 바뀌었습니다.

이제 제 소원은 온 가족이 함께 둘러앉아서 암송가정예배를 드리다가 하나님의 부르심을 받고 천국에 가는 것입니다. 저는 오늘도 그 소망을 안고 암송을 하고 있습니다.

온 가족이 모여 함께 암송하다가 제가 하나님의 부르심을 받으면,
사랑하는 자녀들이 나를 기억하고 평생토록 하나님의 말씀을 사랑
하며 암송할 것입니다. 그리고 그것이 우리 가문의 전통이 되고 영
원한 세대의 부흥까지 이루겠지요.

암송을 흉내 내는 것에 그치는 것이 아니라 진실로 하나님의 말
씀이 우리의 몸에서 역사하게 하기 위해서는 암송가정예배를 생
활화해야 합니다. 암송가정예배가 행복한 가정의 열쇠임을 저는
확신합니다.

암송가정예배는 재미있게

많은 분들이 경건한 예배를 말합니다. 암송가정예배도 경건하게
하면 참 좋겠지만 저희 가족이 드리는 암송가정예배는 흡사 코미디
같습니다.

사회자인 조이가 오빠에게 기도할 기회를 주지 않고 엄마아빠에
게만 기도를 시키면 빈이가 토라져서 울먹울먹합니다. 3살 된 늘봄
이와 5살 된 조이는 암송하다가 몸이 꼬이는지 드러눕기도 합니다.
그렇다고 저희 부부는 아이들을 억지로 붙잡아놓거나 훈계하지 않

습니다. 왜냐하면 암송가정예배는 즐겁고 편한 시간이어야 하기 때문입니다. 그래서 저는 예배는 경건하게 드려야 한다는 개념을 내려놓았습니다. 대신 머지않아 이 아이들이 자라면 충분히 경건한 분위기로 예배할 수 있을 거라고 기대하고 있지요.

가정예배 때 기도를 시키지 않으면 잘 삐지는 조이. 서투른 발음에다가 조사를 자꾸 빼먹어서 못 알아듣겠다. 어떤 날은 하루 일과를 모조리 읊어서 오빠의 다리를 저리게 만들기도 한다. 그래서 엄마는 기도 전에 조이에게 짧게 기도해달라고 주문한다. 어쨌든 오늘도 조이의 기도로 가정예배를 마쳤다.

점심을 먹고 암송가정예배 시간을 가졌다. 30분간 아이들이 찬양 시디를 들으며 온몸으로 찬양을 했다. 엄마랑 할머니는 앉아서 박수로 분위기를 맞춰주고 있는데 늘봄이가 모두 일으켜 세운다. 아… 엄마가 뭐길래! 망가질 수밖에 없는 분위기다. 조이는 아는 찬양이 나올 때마다 무릎을 굽히고 손을 반짝이며 열심히 율동을 하고 목청을 높인다. 늘봄이는 언니를 따라서 막춤을 춘다. 303비전 꿈나무송을 부르고 엄마가 기도한 후 고린도전서 13장과 요한복음 1장 1~5절까지 암송했다. 그리고 빈이의 기도로 암송가정예배를 마쳤다. 코미디 같은 예배에 웃음이 나지만 내일은 더 고상한 예배를 꿈꿔본다.

암송가정예배도 다양하게 시도해볼 필요가 있습니다. 저희 가족은 지금은 하지 않지만 처음에는 '가위바위보 게임'을 자주 했습니다. 가위바위보 게임만 하면 우리 아이들은 매우 신나게 암송했습니다.

빈이에게 가정예배가 입력되었나보다. 잠자기 전 꼭 예배를 챙긴다. 제일 먼저 암송기도문을 읽고, 303비전 꿈나무송을 5절까지 다 부른다. 그리고 빈이가 암송한 말씀 시편 1편, 시편 23편, 신명기 6장 4~9절, 고린도전서 13장, 시편 100편 등을 가위바위보로 순서를 정해서 암송하고, 마지막으로 아빠의 축복기도로 예배를 마친다. 좀더 빠르게 예배를 진행하고 싶지만 가위바위보로 암송 순서를 정하기 때문에 시간이 꽤 걸린다. 가위바위보를 빼고 싶은데 이거이~ 아이들이 젤로 좋아하는 것이라 뺄 수도 없고… 에고고!

암송가정예배 때마다 매번 가위바위보 게임을 하다보니 암송가정예배 시간이 너무 길어졌습니다. 엄마아빠가 너무 피곤해서 가위바위보를 빼고 암송만 하자고 하면 아이들이 난리가 납니다. 그래도 아이들이 즐겁게 암송을 할 수 있어 기쁩니다.

암송에 우선순위를 두면 반드시 암송에 성공할 수 있습니다. 올해 들어서 우리 가정에 일어난 변화는, 아침에 일어나면 이불을 개고 청소기로 간단하게 먼지를 빨아들인 다음 암송가정예배를 하는 것입니다. 제가 늦게 들어오는 바람에 암송가정예배를 하지 못하고 축복기도만 하고 자는 경우가 종종 발생하자 아내가 시간대를 바꾸기로 결심한 것입니다.

암송을 우선순위로 둔다고 하면서도 하고 싶은 것부터 하다보면 암송이 우선순위에서 밀려나는 것을 자주 경험한다. 눈을 뜨자마자 하고 싶은 것부터 하려는 맘을 꾹 참고 어학기에 유니게 1, 2단계 암송 시디를 장착했다. 요한복음 15장 1~17절 말씀을 네 절씩 반복듣기 했다. 빈, 조이, 늘봄, 엄마 모두 이불 위에서 뒹굴뒹굴한다. 그러다 빈이와 엄마는 손에 암송책을 잡고 각자 따라서 반복 연습을 한다. 20분 동안 연습했다. 내친김에 조이를 불러서 시편 23편 1, 2절을 10분 동안 어학기 소리에 맞춰 따라 하게 했다. 조이는 아직 발음이 정확하지 않고 목소리도 아기 같지만 머지않아 그 조그마한 입술에서 말씀이 흘러나올 것이다. 매일 아이들에게 꼭 해주려고 하는 것이 암송과 책읽기인데 아침에 암송을 하고 나니 오늘 할 일의 반을 이미 끝낸 것 같아 마음이 가뿐하다.

아침에 일어나면 이불을 개키고 청소기로 먼지만 빨아들인 다음 거실에 있는 분홍색 책상을 방에 들여온다. 빈, 조이, 늘봄, 엄마 모두 둘러앉아 암송가정예배를 드린다. 오늘은 조이가 인도하는 날이다. 303비전 꿈나무송을 부른 후에 엄마가 기도한다. 그리고 시편 1편과 23편, 요한복음 1장을 암송한 후에 기도로 예배를 마친다. 언제나 사회를 보려고 하는 조이. 오빠가 오늘은 기도하기 싫다고 손짓을 한다. 덕분에 엄마가 두 번 기도한다.

아침 먹기 전에 먼저 암송가정예배를 드린다. 일순위가 아닌 영순위다. 예배의 습관화를 위해 영순위로 진행시키고 있는 것이다. 앉은뱅이책상에서 하니 훨씬 자세가 좋아졌다. 아직까지 문맹인 조이와 늘봄이도 암송책을 열심히 펼치고 따라한다.

영의 양식을 먼저

제가 가족들과 함께 식사하는 경우는 그리 많지 않습니다. 저는 새벽 다섯 시에 교회에 출근해서 밤이 되어서야 집에 들어옵니다. 쉬는 월요일과 목요일 저녁, 주일 저녁 정도가 집에서 아이들과 함께 식사할 수 있는 날입니다.

대신 저는 웬만하면 식사 전에 암송을 하려고 합니다. 아이들에게 육의 양식을 먹기 전에 영의 양식을 먹자고 제안하지요. 그러던 어느 날, 아이들이 영의 양식이 뭔지 알고 있는지 궁금해졌습니다.

그래서 큰아이에게 "영의 양식이 뭐지?" 하고 물어보았습니다. 그러자 빈이가 순간적으로 노래를 부르기 시작했습니다.

"영의 양식 말씀 먹고 지혜롭게 자라자 새 시대를 열어갈 삼공 삼 비전 꿈나무!"

정확하게 영의 양식은 말씀이라고 대답하는 빈이를 보면서 얼마나 행복했는지 모릅니다. 빈이의 대답을 듣고 저는 다시 한 번 아이들에게 말했습니다.

"육의 양식을 먹기 전에 영의 양식인 하나님의 말씀을 먹읍시다. 시편 23편을 암송하겠습니다!"

그렇게 저희 가족은 저의 주문에 맞춰 암송을 시작합니다.

성경읽기로 기초를 튼튼하게

아이의 손에 지도를 들려줘라

성경암송과 함께 가정에서 부모가 자녀에게 말씀훈련하기 좋은 방법은 '성경읽기'입니다. 숲과 나무에 비유한다면 성경암송은 한 그루의 나무이고, 성경읽기는 숲이라고 볼 수 있습니다. 나무 한 그루 한 그루 자세히 보는 것도 중요하지만, 숲 속에서 길을 잃지 않으려면 숲 전체를 보는 것이 중요합니다. 따라서 반드시 성경암송과 함께 성경읽기를 해야 합니다.

다만 제가 여기서 말하는 성경읽기는 아이들이 개역한글판 성경이나 개역개정판 성경을 매일매일 읽어야 한다는 의미가 아닙니다. 엄마아빠가 그림 성경, 어린이용 성경 등을 이용해서 아이들 수준에 맞게 성경 이야기를 읽어주는 것을 뜻합니다. 아주 단순한 내용의 이야기일지라도 엄마아빠가 성경 이야기를 들려주는 그 자체가 중요합니다. 어릴 적에 들은 성경 지식에 암송이 더해지면 금상첨화입니다. 그러다가 자녀들이 초등학교에 들어갈 나이가 되면 개역한글판이나 개역개정판 성경으로 매일매일 성경을 읽게 하면 좋습니다.

만약에 홈스쿨링을 하는 가정이 있다면 성경암송하는 시간과 성경을 읽는 시간은 따로 확보하도록 하세요. 각 10분씩이라도 자녀들이 매일 성경을 읽고 암송한다면 강력한 무기가 되고도 남습니다.

여기에서 꼭 강조하고 싶은 것은 성경암송이 빠진 성경읽기는 강력한 제자훈련이 될 수 없다는 것입니다.

책을 좋아하는 아이로 만들어라

하나님의 말씀으로 자녀를 양육하고자 하는 경건한 부모들은 영재교육을 못마땅하게 여깁니다.

저 역시 영재교육 이전에 하나님의 말씀으로 양육해야 한다는 기본 취지에는 동감합니다. 하지만 영재교육의 방법 중 하나로 요즘 각광받고 있는 '책읽기'는 아주 좋은 제자훈련 방법이 될 수 있다고 생각합니다. 책읽기는 성경읽기의 기초이기 때문입니다. 책을 좋아하는 아이가 성경을 잘 읽습니다.

제가 어린 자녀들에게 부모로서 줄 수 있는 가장 좋은 선물은 세 가지입니다. 첫째는 성경암송훈련이고, 둘째는 책읽기훈련, 셋째는 영어 노출입니다.

책읽기는 아이가 4살 때부터 하루에 1시간 30분 정도 들려주었습니다. 한글을 가르치기 전에 부모가 책을 읽어주는 것입니다. 아이가 6, 7세가 되면 책을 읽어주는 일이 그리 쉽지 않습니다. 글자 수가 많아지고 페이지가 늘어나다보니 하루에 10권 이상 읽어주기도 힘들지요. 하지만 꾸준하게 책을 읽어주었더니 아이가 책을 좋아하게 되었습니다.

요즘은 4, 5살 때 한글을 깨친 아이들이 제법 많습니다. 그런데 이상한 것은 그중 책을 좋아하는 아이들은 많지 않다는 점입니다. 어릴 적부터 부모가 책을 많이 읽어준 아이들은 한글을 배우는 데는 시간이 좀 걸려도 책을 좋아하는 아이로 자랍니다. 그리고 책을 많이 읽어주기만 해도 적절한 때에 아이가 스스로 글을 읽게 됩니다.

책읽기가 성경읽기의 기초가 된다고 생각하게 된 계기는 이렇습니다. 어느 날 저는 7살 된 아들에게 《어린이 성경관통》이라는 책을 읽어보라고 건네주었습니다. 제가 생각하기에 이 책은 초등학교 고학년이 혼자 읽을 수 있는 책인데, 놀랍게도 7살 된 빈이가 일주일 만에 245쪽의 분량을 혼자 힘으로 다 읽었습니다. 재미있고 읽을 만하다는 것이 아들의 반응이었습니다.

저는 제 아이가 특별한 아이라고 생각하지 않습니다. 오히려 매우 평범한 아이입니다. 단지 어릴 적부터 책을 읽는 환경에서 자랐을 뿐입니다.

요즘 빈이는 개역개정판 성경을 읽고 있습니다. 읽은 지 18일이 되었는데 창세기와 출애굽기를 거쳐 레위기를 무사히 통과하고 현재 민수기 22장을 읽고 있습니다. 사실 개역개정판 성경을 이렇게 읽어내리라고는 전혀 생각을 못했던 터라 모든 것이 신기하게만 느껴집니다. 얼마나 기특한지 제가 읽으려고 구입했던 개역개정판 성경을 아들에게 선물로 주었습니다.

앞으로 얼마나 더 읽어 내려갈지는 더 두고 볼 일이지만 분명한 사실은 아이가 책을 좋아하며, 그것이 성경암송에 시너지 효과를 안겨준다는 사실입니다.

영어도 익히고 말씀도 배우고

영어 노출은 책읽기훈련과 비슷한 시기에 시작했습니다. 하루 3~5시간 정도 영어를 들려주고 있지요. 전문가들의 말을 빌리면 2,000시간 정도 영어에 노출되면 귀가 뚫린다고 합니다. 그리고 영어를 공부나 학습의 대상이 아니라 언어로 체득하게 하기 위해서 우리말 방송 대신 영어 방송 전문채널을 보게 합니다.

그래서 그런지 신기할 정도로 아이가 영어를 잘하자 요즘은 아내가 하루에 3시간 이상 영어 집중 듣기를 하고 있습니다. 아이가 하는 방식대로 하면 자기도 영어를 잘할 수 있겠다는 자신감이 생긴 것입니다.

성경 지식은 한글을 통해서만 얻을 수 있는 것이 아닙니다. 어릴 적부터 영어에 친숙해진 아이들은 영어성경과 영어로 쓰인 성경 이야기를 통해서도 성경 지식을 얻을 수 있습니다.

"성경 지식이 쑥쑥, 성경암송은 술술~"

- 성경읽기에 도움을 주는 아이템들

한글성경

《안녕하세요 키즈북》시리즈(20권) | 모퉁이돌 | 권당 14쪽

3, 4세용 그림 성경으로 구약성경인물 10인, 신약성경인물 10인의 이야기가 시리즈로 구성되어 있어서 유아들이 성경 인물들과 친숙해질 수 있다. 3, 4세 아이들에게 반복해서 읽어주면 아이들이 책을 통째로 외우기도 한다.

《NEW 리틀구약》 | 박은희 | 모퉁이돌 | 480쪽

구약의 이야기가 페이지당 2문장으로 구성되어 있는 아주 쉬운 책이다. 짧지만 간단하게 구약의 인물들과 사건들을 훑어볼 수 있다.

《지혜 성경》 | 아가페출판사 | 330쪽

잠언의 좋은 말씀을 아이들의 눈높이에 맞춰 잘 풀어서 설명해놓았다. 6, 7개의 간단한 문장과 함께 말씀의 이해를 돕기 위한 그림이 잘 그려져 있다. 매일 10개씩 읽어주면서 아이에게 설명을 해주면 좋다.

《크레파스 성경》 | 모퉁이돌 | 447쪽

페이지당 3, 4문장으로 구성된 그림 성경책으로 4, 5세 유아들에게 신구약 이야기를 빨리 읽어줄 수 있는 성경책이다.

《그림과 함께 읽는 이야기 성경》 | 트레이시 해러스트 | 겨자씨 | 145쪽

활자가 크고 두 페이지에 걸쳐 하나의 이야기가 간결하게 기록되어 있어서 짧은 시간에 신구약 이야기를 접할 수 있다. 4, 5세 아이에게 적당하지만 6, 7세 아이들도 쉽게 완독할 수 있다. 엄마가 1시간 내에 읽어줄 수 있다. 생각날 때마다 신구약 이야기를 한 번에 훑을 수 있어 좋다.

《모퉁이돌 그림 성경 이야기》 시리즈(20권) | 모퉁이돌 | 권당 46쪽

20명의 인물을 중심으로 한 그림 성경 이야기이며 권당 46페이지로 한 페이지당 8~10개의 문장이 있다. 제법 글이 많은 그림 성경으로 혼자 읽기에는 6, 7세가 적당하며 엄마가 읽어줄 경우에는 더 어린 유아도 재미있게 볼 수 있는 책이다. 성경 본문에서 크게 벗어나지 않는 수준에서 만들어진 책이며, 성경인물에 대한 이

야기가 자세히 기록되어 있어 아이가 깊이 있는 성경 지식을 얻을 수 있다. 글자 수가 많기 때문에 엄마가 반복해서 읽어주기는 쉽지 않다. 그래서 우리 가족은 출판사에서 제작한 카세트테이프를 구입해 활용했다.

《The Word and Song Bible》 | Stephen Elkins | Broadman & Holman | 436쪽

5장의 오디오 시디가 있으며 본문 하나를 읽어주는데 5, 6분 정도 걸리고 한 본문이 끝날 때마다 그 내용을 요약해주는 '바이블송'이 있다. 음향효과가 매우 뛰어나고 남녀 성우와 어린이가 감정을 실어 매우 리얼하게 읽어주므로 마치 한 편의 영화를 보는 듯한 느낌이다. 또한 생생한 삽화를 통해 본문 내용의 핵심을 한눈에 볼 수 있다. 단어 수준은 《The Beginner's Bible》과 《The Growing Reader Phonics Bible》보다 높으며 한 페이지당 보통 10줄에서 25줄까지 상당히 긴 문장으로 구성되어 있다. 다른 책에 비해 예언서와 서신서를 많이 다루기 때문에 더욱 폭넓은 성경 지식을 얻을 수 있다. 시디 한 장당 1시간이 걸리므로 1독을 하기 위해서는 5시간이 소요된다. 빈이가 가장 재미있게 들으면서 눈으로 따라 읽는 영어 성경책이다.

《The Beginner's Bible》 | Karyn Henley | Zonder Kids | 511쪽

성경말씀이 쉽고 간결하게 요약되어 있으며 《The Word and Song Bible》보다는 단어 수준이 낮다. 우리나라에서 제작한 오디오 시디(2장)는 잔잔한 음악을 배경으로 성우가 정확한 발음으로 읽어주기는 하지만 드라마틱하지는 않다. 대체적으로 천천히 읽어주기 때문에 눈으로 따라 읽기 좋다. 영어 듣기가 되는 아이의 경우, 시디를 들으면서 일독하기 수월하다. 아들 빈이의 경우, 혼자 시디를 들으면서 5일 만에 1독을 했다.

《The Memory Bible》 | Stephen Elkins | Integrity Publishers | 221쪽

오디오 시디가 2장 있고, 52개의 짧은 스토리와 바이블송이 들어 있다. 성우가 DJ처럼 10줄 내외의 짧은 성경 이야기를 박진감 있게 읽어준 다음 본문 내용에 맞는 바이블송이 나온다. 차를 타고 이동할 때 일반 음악 시디 대용으로 활용하면 매우 유익하다.

《The Growing Reader Phonics Bible》 | Joy Mackenzie | Tyndale Kids | 426쪽

어린아이가 낭랑한 목소리로 생동감 있게 읽어주기 때문에 듣기에 편
안하고 오래 듣는 데도 부담이 적다. 2장의 오디오 시디가 있으며 페
이지당 10~15줄의 문장이 있다. 하나의 사건을 5, 6페이지에 걸쳐서
길게 다루기 때문에 성경 지식을 얻는 데 도움이 된다. 단어 수준은
《The Beginner's Bible》과 비슷하나 페이지당 글자 수는 2, 3배 정도
많다. 우리 가족은 phonics에 중점을 두기보다는 성경 이야기에 중점
을 두었다.

인터넷 사이트

리틀팍스 www.littlefox.co.kr

어린이 영어동화 인터넷 사이트이다. 6단계에 12편의 성경 이야기가 있다. 성경인물 중심으로
이야기가 구성되어 있고 한 편당 5, 6분 정도 소요된다. 책이 아닌 인터넷으로 성경 이야기를 듣
는 재미가 있다. 단, 영어 듣기가 익숙하지 않은 아이들에게는 쉽지 않다는 단점이 있다.

영상물

벅스 바이블 어드벤처 시리즈 DVD(13편)

영어 더빙과 한글 더빙이 모두 지원된다. 아이들의 흥미를 끄는 곤충 이야기로 시작하여 성경인
물 이야기로 전개되었다가 다시 곤충들의 적용으로 끝을 맺어 재미있게 성경 지식을 쌓을 수 있
다. 일반 애니메이션과 견주어도 손색이 없는 기독교 애니메이션이다. 총 13명의 성경인물을 다
루고 있고, 1편당 30분이 소요된다. 만화는 가급적 보여주지 않는 것이 좋으나 이 시리즈는 성경
이야기로서 성경인물을 알아가는 데 도움을 받을 수 있다.

다른 그 무엇보다도 하나님을 사랑하는 것이 가장 우선이라는 사실을
아이들의 머리와 가슴에 새겨놓아야 합니다.
부모보다도 형제보다도 그 무엇보다도 하나님을 사랑하는 것이
첫째라고 교육하는 것, 그것이 세마 교육의 시작입니다.

4장

열 살 전에
꼭 해야 할
인격훈련

인격의 으뜸은
하나님을 사랑하는 것

인격훈련의 중요성

가정에서 부모가 할 수 있는 두 번째 제자훈련은 인격훈련입니다.

인격은 '사람으로서의 품격'을 의미합니다. 그렇다면 '품격'이란 무엇일까요? 품격의 사전적 의미는 두 가지입니다.

첫째는 '사람 된 바탕과 타고난 성품'이고, 둘째는 '사물 따위에서 느껴지는 품위 또는 물건의 좋고 나쁨의 정도'입니다.

이것을 종합하면 인격은 사람의 근본을 이루는 기초이자 타고난 성품이라고 할 수 있습니다. 인격이 없는 사람은 사람이라고 볼 수 없는 것이지요. 그렇기 때문에 자녀교육에 있어서 인격을 함양하는 것만큼 중요한 것은 없습니다.

우리 기독교 교육도 마찬가지입니다. 아무리 성경을 많이 암송하고 통독한다고 하더라도 인격이 제대로 갖추어져 있지 않으면 모든 것이 허사입니다. 자녀에게 인격훈련을 제대로 하지 않는다면 우리의 모든 수고와 땀은 소용없게 될 것입니다. 그렇기 때문에 아이들에게 암송한 말씀대로 살아야 할 것을 가르쳐야 합니다.

아마도 자녀에게 암송을 처음 가르치는 부모는 자녀가 성경 구절을 얼마나 많이 암송하는가를 매우 중요하게 생각할 것입니다. 물론 우리 자녀들이 말씀을 많이 암송할수록 말씀의 인도를 받게 될 가능성도 커집니다. 하지만 암송을 가르칠 때 암송한 말씀대로 행하는 것이 중요하다는 것을 절대로 놓쳐서는 안 됩니다. 사람의 인격은 행동으로 보여지기 때문입니다.

그런 의미에서 암송훈련과 인격훈련은 별개의 훈련이 아닙니다. 자녀가 좋은 성품을 갖게 하기 위해서는 암송태교를 통해 좋은 성품의 아이를 출산한 뒤 후천적 인격훈련을 병행해야 합니다. 후천적 인격훈련은 아이가 출생한 이후부터 10살까지 끝내는 것이 가장 좋습니다.

후천적 인격훈련의 으뜸은 먼저 '하나님 사랑, 이웃 사랑'을 가르치는 것입니다. 마태복음 22장을 보면 한 율법사가 예수님께 가장 큰 계명이 무엇인지 질문하여 예수님을 시험하는 장면이 나옵니다.

선생님 율법 중에서 어느 계명이 크니이까 예수께서 이르시
되 네 마음을 다하고 목숨을 다하고 뜻을 다하여 주 너의 하
나님을 사랑하라 하셨으니 이것이 크고 첫째 되는 계명이요
둘째도 그와 같으니 네 이웃을 네 자신 같이 사랑하라 하셨
으니 이 두 계명이 온 율법과 선지자의 강령이니라 마 22:36~40

가장 큰 계명을 묻는 율법사의 질문에 예수님께서는 그 많은 계
명을 '하나님 사랑, 이웃 사랑' 으로 간단하게 요약하셨습니다.
　이 말 속에는 하나님을 사랑하지 않고 이웃을 사랑하지 않으면
계명을 지키는 것이 다 헛되다는 의미가 함축되어 있습니다. 결국
인격의 기본이자 완성은 하나님을 사랑하고 이웃을 사랑하는 것
입니다.

하나님을 너무너무 사랑하는 아이

　그래서 저는 다른 그 무엇보다도 하나님을 사랑하는 것이 인격
의 으뜸이라고 생각합니다. 아무리 온유한 성품을 가졌다고 해도
하나님을 모르는 사람은 바른 인격의 소유자라고 볼 수 없습니다.
하나님을 거부하고 불순종하는 것은 인간의 교만에서 기인하기 때
문입니다.
　최초의 인간인 아담과 하와는 하나님같이 되고자 하는 교만한

마음 때문에 죄를 짓고 말았습니다. 그래서 잠언 16장 18절 말씀은 "교만은 패망의 선봉이요 거만한 마음은 넘어짐의 앞잡이니라"라고 기록하고 있습니다. 하나님의 존재를 인정하지 않는 것 자체가 교만이고 죄라는 것입니다. 로마서 1장 18절부터 20절까지의 말씀은 이렇게 말하고 있습니다.

> 하나님의 진노가 불의로 진리를 막는 사람들의 모든 경건하지 않음과 불의에 대하여 하늘로부터 나타나나니 이는 하나님을 알 만한 것이 그들 속에 보임이라 … 창세로부터 그의 보이지 아니하는 것들 곧 그의 영원하신 능력과 신성이 그가 만드신 만물에 분명히 보여 알려졌나니 그러므로 그들이 핑계하지 못할지니라

만물을 통해 창세로부터 하나님의 영원하신 능력과 신성이 나타났기 때문에 우리는 더 이상 하나님이 없다고 핑계할 수 없습니다.

그렇기 때문에 부모는 자녀를 양육할 때 하나님을 사랑하는 것부터 가르쳐야 합니다. 다른 그 무엇보다도 하나님을 사랑하는 것이 가장 우선이라는 사실을 아이들의 머리와 가슴에 새겨놓아야 합니다. 부모보다도 형제보다도 그 무엇보다도 하나님을 사랑하는 것이 첫째라고 교육하는 것, 그것이 셰마 교육의 시작입니다.

이스라엘아 들으라 우리 하나님 여호와는 오직 유일한 여호
와이시니 너는 마음을 다하고 뜻을 다하고 힘을 다하여 네
하나님 여호와를 사랑하라 신 6:4, 5

우리는 아이들에게 하나님이 어떤 분이신지, 하나님이 얼마나 우리를 사랑하시는지, 하나님의 사랑이 어떤 사랑인지, 그 사랑을 어떻게 나타내셨는지 가르쳐야 합니다.

하나님 은혜 백문 일답

아무리 성공했다고 해도 부모의 은혜를 모르는 자녀를 훌륭하다고 하지는 않습니다. 마찬가지로 아무리 교회에 열심히 다니고 세상에서 성공했다고 해도 "나의 나 된 것은 하나님의 은혜"라는 고백이 없다면 올바른 신앙의 소유자라고 볼 수 없습니다.

그래서 저는 부모가 자녀를 양육할 때 아이들이 날마다 하나님의 은혜를 깨닫도록 인도해야 한다고 생각합니다.

저는 마태복음 7장 6절 말씀을 암송하고 묵상하다가 문득 이런 생각을 했습니다.

'하나님께서 나에게 날마다 은혜를 베풀어 주셨는데 내가 그것을 정말 소중하게 간직하지 않으면 개나 돼지와 다를 바가 없겠구나.'

거룩한 것을 개에게 주지 말며 너희 진주를 돼지 앞에 던지
지 말라 그들이 그것을 발로 밟고 돌이켜 너희를 찢어 상하
게 할까 염려하라

하나님의 소중한 은혜를 날마다 묵상하지 않고 잊어버리는 것
만큼 어리석은 일은 없습니다.

저는 자녀가 부모에게 할 수 있는 가장 최고의 효도는 늘 부모의
은혜를 잊지 않고 매일 감사하며 문안 인사를 올리는 것이라고 생
각합니다.

마찬가지로 피조물인 인간이 하나님께 할 수 있는 최고의 효도
는 하나님의 은혜를 잊지 않고 날마다 하나님의 은혜를 묵상하며
감사하는 것입니다. 그래서 저는 암송하면서 깨달은 하나님의 은
혜를 가지고 '하나님의 은혜 백문 일답'을 적어보았습니다.

1. 내가 이 세상에 태어난 것은? 하나님의 은혜!

2. 내가 지금까지 살아온 것은? 하나님의 은혜!

3. 내가 건강한 것은? 하나님의 은혜!

4. 내가 예수님을 만나게 된 것은? 하나님의 은혜!

5. 예수님이 나의 구원자가 되신 것은? 하나님의 은혜!

6. 예수님이 나의 주님이 되신 것은? 하나님의 은혜!

7. 하나님을 아버지라 부를 수 있는 것은? 하나님의 은혜!

8. 나에게 가족이 있는 것은? 하나님의 은혜!

9. 내가 한 가정의 가장이 된 것은? 하나님의 은혜!

10. 나에게 사랑하는 아내가 있는 것은? 하나님의 은혜!

11. 나에게 사랑하는 아들 빈이를 주신 것은? 하나님의 은혜!

12. 나에게 사랑하는 딸 조이를 주신 것은? 하나님의 은혜!

13. 나에게 사랑하는 딸 늘봄이를 주신 것은? 하나님의 은혜!

14. 자녀를 키우는 기쁨과 감격이 있는 것은? 하나님의 은혜!

⋮

모든 질문의 대답은 "하나님의 은혜"입니다. 사나 죽으나 모든 것이 다 하나님의 은혜라는 것이 우리 믿는 이들의 유일한 고백이 되어야 합니다.

문득 군 생활을 하던 때가 생각이 납니다. 군대에 갓 입대한 신병이 자대 배치를 받으면 중대가 난리가 납니다. 마치 새로운 구경거리가 난 것처럼 중대원들이 신병을 보기 위해 몰려들지요. 선임병이 신병의 이름을 부르면 거의 순간적으로 관등 성명이 튀어나오게 되어 있습니다.

"예, 이병 강동협!"

이름을 부를 때만이 아닙니다. 선임병이 살짝 몸을 건드리기만 해도 즉각적으로 반응합니다. 선임병이 장난으로 입김을 불어도 즉시 반응해야 합니다.

"예, 이병 강동협!"

그래서 불침번을 서는 날에는 초긴장하고 있어야 합니다. 단잠에 빠져 있다가 고참이 얼굴에 입김을 살짝 불었을 때 바로 관등성명을 외치면서 벌떡 일어나지 않으면 군기가 빠졌다고 혼쭐 빠지게 꾸중을 듣기 때문입니다. 이처럼 언제 어디서나 옷깃만 스쳐도, 입김만 얼굴에 닿아도 곧바로 관등 성명을 외치는 것이 신병이 지켜야 할 최소한의 의무입니다.

예수님을 구세주로 모시고 사는 그리스도인은 어떨까요? 언제 어디서나, 무슨 일이 있더라도, 좋은 일이든지 나쁜 일이든지, 사나 죽으나 모든 것이 다 하나님의 은혜라고 고백해야 합니다. 하나님의 은혜를 안다는 것은 인생의 놀라운 복입니다. 그렇다면 어떻게 자녀들에게 하나님의 은혜를 깨닫게 할 수 있을까요?

하나님의 은혜를 깨닫는 가장 좋은 훈련은 말씀의 은혜를 누리는 것입니다. 저는 매일 밤마다 아내와 자녀들과 함께 암송가정예배를 드리면서 세 아이의 머리에 손을 얹고 축복기도를 합니다. 이 아이들이 하나님의 말씀의 은혜를 누리며 살게 해달라고, 하나님의 말씀인 성경이 우리에게 주어졌다는 것이 얼마나 감격적이고 영광스러운 일인지를 깨달아 알게 해달라고 늘 기도하지요.

또한 말씀이신 하나님을 마음에 모시고 살아가기 위해 암송이라는 거룩한 노동을 하는 것이 얼마나 우리에게 복된 일인가를 거듭 설명하고 말씀의 의미를 잘 깨닫고 그대로 살아가는 것이 얼마나 중요한 일인지 강조합니다.

결국 말씀의 은혜를 누린다는 것은 말씀을 깨닫고 그 말씀대로 실천하는 것을 의미합니다.

이웃을 자기 몸처럼 사랑하는 아이

하나님을 사랑하는 자는 또한 그 형제를 사랑할지니라

앞에서 언급한 대로 사람의 모든 것은 인격이 말을 하고, 그 사람의 인격은 행동으로 말을 하기 때문에 이웃을 사랑하지 않는 사람, 이웃과의 관계가 좋지 못한 사람은 절대로 좋은 인격의 소유자라고 볼 수 없습니다. 또한 이웃을 사랑하지 않는 사람은 하나님을 사랑하지 않는 것과 같습니다.

본래 구약성경에는 "네 하나님 여호와를 사랑하라(신 6:5)"는 본문과 "네 이웃 사랑하기를 네 자신과 같이 사랑하라(레 19:18)"는 본문이 서로 떨어져 있었습니다. 그런데 예수님께서 이 둘을 한곳에 모으셨습니다. 그리고 한 마디 더 붙이셨습니다.

이 두 계명이 온 율법과 선지자의 강령이니라 마 22:40

'강령'은 '일의 근본이 되는 큰 줄거리'를 뜻합니다. 이것을 공동번역성경은 '골자'라고 번역합니다.

이 두 계명이 모든 율법과 예언서의 골자이다 마 22:40

이 말씀은 첫째 계명인 하나님 사랑이 둘째 계명인 이웃 사랑보다 중요하다는 뜻이 아닙니다. 두 계명이 모든 율법과 예언서의 근본이 되는 줄거리로서 뗄레야 뗄 수 없는 관계라는 의미입니다. 하나님 사랑은 이웃 사랑으로 나타나고, 이웃 사랑은 하나님 사랑을 바탕으로 이루어집니다. 사도 요한은 이 관계를 이렇게 설명합니다.

누구든지 하나님을 사랑하노라 하고 그 형제를 미워하면 이는 거짓말하는 자니 보는 바 그 형제를 사랑하지 아니하는 자는 보지 못하는 바 하나님을 사랑할 수 없느니라 우리가 이 계명을 주께 받았나니 하나님을 사랑하는 자는 또한 그 형제를 사랑할지니라 요일 4:20, 21

제가 대학에 다닐 때 신앙을 지도해주셨던 간사님께서는 저에게 늘 배려의 정신을 가르쳐주셨습니다. 간사님은 저에게 늘 이렇게 말씀하셨습니다.

"네가 하고 싶은 것은 다른 사람에게 양보하고, 네가 하기 싫은 것은 네가 먼저 해라. 왜냐하면 네가 하고 싶은 것은 다른 사람도 하고 싶어 하고 네가 하기 싫은 것은 다른 사람도 하기 싫어하기 때문이다."

그 간사님은 이러한 자세가 몸에 배인 분이셨습니다. 저는 그분을 보면서 배려를 체득했습니다. 그리고 상대방을 배려하는 자세가 몸에 배면 이웃 사랑이 저절로 나오게 된다는 사실을 깨달았습니다.

또한 이웃 사랑은 구제로 나타나야 합니다. 저는 대학에 다니면서 봉사활동에 많이 참여했습니다. 매주 토요일마다 보육원에 방문하고, 강원도 태백과 제주도 일대와 우리나라 최남단인 마라도에까지 가서 무료로 도배 봉사활동을 하고, 집 없는 사람에게 집을 지어주는 해비타트 운동에 참여하기도 했습니다. 이러한 봉사활동은 제가 사역하는 교회마다 계속되었습니다.

현재 사역하고 있는 문창교회에서는 담임목사님께 말씀드려서 문창지역봉사단을 만들었습니다. 지금도 봉사단원들이 열심히 독거노인들을 위해 무료로 방 도배 및 집수리를 하고 있습니다.

구제가 없는 기독교인의 삶은 경건의 능력을 잃어버린 것과 마찬가지입니다. 야고보서 1장 27절은 이렇게 증언합니다.

> 하나님 아버지 앞에서 정결하고 더러움이 없는 경건은 곧 고아와 과부를 그 환난 중에 돌아보고 또 자기를 지켜 세속에 물들지 아니하는 그것이니라

그렇기 때문에 우리는 자녀들이 구제하는 삶을 살 수 있도록 훈련해야 합니다. 월드비전과 같은 구제기관들을 통해 아프리카의 어린이들을 후원한다든지, 주변의 가난하고 불쌍한 독거노인들을 위해 봉사활동을 한다든지 방법은 아주 많습니다.

구제는 기독교인으로 해야 할 가장 기본적인 자세입니다. 구제가 없는 기독교인의 삶은 껍데기에 불과하다는 사실을 우리는 늘 기억해야 합니다.

대접을 받고자 하는 대로 대접하라

'황금률'이라고 불리는 마태복음 7장 12절을 암송하면서도 말씀의 은혜를 누렸습니다.

> 그러므로 무엇이든지 남에게 대접을 받고자 하는 대로 너희

이 말씀을 묵상하면서 저는 부목사로서 담임목사님에게 무조건 순종하겠다고 다짐하고 그렇게 실천하고 있습니다. 하나님께서 나의 영적인 지도자로 담임목사님을 세워주신 것을 믿는다면 담임목사님께 순종하는 것이 부목사로서의 도리이자 사명입니다. 저는 황금률의 원칙을 묵상하면서 너무나 큰 위로와 힘을 얻었습니다. 언젠가 제가 담임목사가 되면 나와 같은 목회 철학을 가진 부목사를 만나게 될 것이라는 믿음이 생겼기 때문입니다.

나에게 잘못한 사람을 용서해야 하는 이유도 역시 황금률로 설명할 수 있습니다. 우리는 하나님께 용서받기를 원합니다. 하나님이 우리를 용서해주시지 않는다면 우리가 어떻게 살아갈 수 있겠습니까? 우리가 날마다 하나님의 용서를 기대하고 있는 것처럼 우리도 우리에게 잘못한 형제자매들을 용서해야 합니다. 이것이 황금률입니다.

우리가 이웃들에게 자비를 베풀어야 하는 이유는 또 무엇입니까? 우리가 날마다 하나님의 자비를 구하고 있기 때문입니다. 우리가 하나님의 자비를 구하는 것처럼 다른 사람에게 자비를 베푸는 것, 그것이 바로 황금률입니다.

가정에서 시작하는 이웃 사랑

그렇다면 이웃 사랑을 어떻게 자녀에게 가르칠 수 있을까요? 교실에서 이론을 가르치듯이 가르쳐서는 안 됩니다. 이웃 사랑은 가정에서부터 시작됩니다. 모든 삶의 현장이 교육의 현장이라는 것을 잊지 마세요.

형제간의 우애 있게 지내기

제가 아이들에게 가장 중요하게 가르치는 것은 '우애'입니다. 제 아내의 양육일기를 읽어보면 형제간의 우애를 가르치는 일이 얼마나 절실한 것인지 알 수 있습니다.

> 빈이가 신발을 잘 정리하는 아이가 되기를 바라는 마음으로 신발 정리 스티커판을 만들어서 잘할 때마다 스티커를 주고 있다. 오늘도 빈이가 신발정리를 했다. 신발들이 조회를 서는 듯 모두 현관 앞에 일렬로 늘어서 있다. 먼저 아빠 신발들이 일렬로, 다음은 엄마 신발들이 일렬로, 그 다음은 빈이 신발들이 일렬로, 마지막으로 늘봄이 신발들이 일렬로 놓여 있었다. 그런데 조이 신발들은 한참 떨어진 곳에 있었다. 순간 나는 너무 큰 충격을 받았다. 빈이가 하루 종일 조이랑 놀면서도 조이를 미워하는 마음이 있었나 보다.

"우리 가족은 서로 함께 있어야 행복하니깐 조이 신발도 가족 신발 옆에 붙여주세요"라고 부탁하자 빈이가 수줍은 듯 웃으며 조이 신발들을 늘봄이 신발 옆에 붙여서 정리했다. 빈과 조이가 우애 있는 남매로 커가기를 바랐는데 무의식중에 나타난 빈이의 조이에 대한 감정은 그렇지 않은 것 같다. 서로를 아끼는 남매로 자랄 수 있도록 양육의 포인트를 점검해야겠다.

형제간의 우애를 지키는 것은 매우 중요합니다. 저희 가정은 아이가 셋이기 때문에 가정에서 종종 아이들끼리 다툴 때가 있습니다. 첫째 아이와 둘째 아이가 자주 다투는데 자초지종을 들어보면 첫째 아이가 억울한 경우가 참 많습니다. 하지만 둘째가 아직 어리기 때문에 말이 잘 통하지 않아서 떼를 씁니다. 그럴 때마다 저는 아이들에게 "형제간의 우애를 지키세요"라고 말합니다. 꼭 '우애'라는 단어의 정의를 설명하지 않더라도 아이들은 눈치껏 그 의미를 알기 마련입니다. 최소한, 다투는 것은 형제간의 우애를 지키는 것이 아니라는 것 정도는 알 수 있을 것입니다.

저는 우리 아이들이 종종 다투는 것이 얼마나 감사한지 모르겠습니다. 다툼이 있어야 우애를 가르칠 수 있기 때문입니다. 형제간에 다투는 경우가 있더라도 절망하지 말고 그 순간을 형제간의 우애를 가르칠 수 있는 좋은 교육의 현장이라고 생각하시기 바랍니다. 형제간의 우애를 지키는 훈련은 특히 자녀를 여럿 둔 부모들은 반드시 해야 합니다.

금요심야기도회를 다녀왔다. 아직까지는 아이들의 눈이 초롱초롱하지만, 이불을 깔고 불을 끄고 누우면 곧 꿈나라에 갈 것이다. 다들 피곤한 시간인데 빈이와 조이가 한판 붙었다.

빈이가 조이 어깨를 잡고 밀치는 모습이 목격됐다. 빈이가 단단히 화가 난 것이다. 아빠가 빈이를 불러서 실망했다고 말하자 빈이는 고개를 떨군 채 자신이 잘못하긴 했는데 이유가 있다고 했다. 빈이의 말에 억울함이 배어나온다. 엄마는 조이를 안아줄까 생각했다가 빈이가 억울한 눈치여서 먼저 조이에게 오빠에게 잘못한 것이 있는지 큰소리로 물었다. 빈이의 억울함을 이해한다는 것을 보여주기 위한 엄마의 얄팍한 제스처다.

다행히 조이는 자신이 잘못한 것이 있다고 순순히 시인을 했다. 우리 부부는 빈이에게는 어떠한 일이 있어도 말로서 행동할 것과 조이에게는 오빠에게 순종할 것을 훈계한 후 사건의 매듭을 지었다. 빈이가 갑작스럽게 화를 내면 놀란 마음에 늘 빈이를 먼저 야단치지만 사실은 조이가 잘못하여 벌어지는 일이 대부분이다. 그래서 항상 오빠는 억울한 죄수의 모습이 된다. 이제는 조이에게 무엇을 잘못했는지 확인하고 남매의 갈등을 해소해야겠

다는 생각이 든다. 아이들의 심리를 이해하며 재판하기가 쉽지
않다.

형제간의 우애가 없다면 그것은 아이들의 잘못이라기보다는 부
모의 잘못이라고 볼 수 있습니다. 우리 부부는 '시샘 방지 축하파
티'도 열어보았습니다. 시샘 방지 축하파티는 셋째 아이가 태어났
을 때 해주었습니다. 빈이와 조이가 오빠와 언니가 되는 것을 축
하하는 파티였습니다.

보통 동생이 태어나면 언니나 오빠는 엄마아빠의 사랑과 관심을
동생에게 많이 빼앗기기 때문에 동생을 시샘하곤 합니다. 그래서
빈이와 조이도 동생이 태어난 것에 위기감을 느끼지는 않을까 하
여 미리 시샘 방지 축하파티를 열어준 것입니다. 빈이와 조이는 늘
봄이가 태어나서 자신들이 축하를 받았으니 동생을 좋아할 수밖에
없습니다.

순종하기

자녀의 인격을 훈련함에 있어서 가장 중요한 성품은 '순종'입
니다. 순종이 훈련되어 있지 않으면 양육하기가 쉽지 않기 때문입
니다. 그래서 순종이라는 단어를 자주 사용해야 합니다. 하지만
순종하라는 말을 위협적으로 사용하면 안 됩니다. 화가 난 목소리

로 "왜 엄마 말에 순종하지 않니? 순종해야지!" 이렇게 꾸짖으면서 순종을 강요하면 아이가 억지로 순종하게 됩니다. 순종은 기꺼이 기쁘게 해야 합니다.

그렇다고 해서 억지로 순종하는 아이에게 "순종은 기쁘게 하는 거야"라고 훈계하는 것도 바람직하지 않습니다. 그래서 제가 사용하는 방법은 존칭을 사용하여 부드럽게 말하는 것입니다.

"빈아, 아빠 말씀에 순종해주세요."

이렇게 말을 하면 신기하게도 아이들이 순종하는 모습을 자주 보입니다.

요즘 저는 아이들에게 허리를 밟아달라고 부탁합니다. 그러면 처음에는 서로 쟁탈전을 벌이며 제 몸에 올라타서 어깨와 등과 허리를 밟습니다. 세 아이가 한꺼번에 올라와 밟는데 얼마나 시원한지 모릅니다. 그런데 이것도 한두 번이지 아빠의 요청은 거의 매일이어집니다. 아이들은 슬슬 재미가 없어졌는지 이제는 허리를 밟아달라고 하면 하나둘 핑계를 대기 시작합니다. 그때 제가 한 마디합니다.

"아빠 말씀에 순종해주세요."

그러면 무슨 마법에라도 걸린 것처럼 아이들이 제 허리와 어깨 위로 올라옵니다.

아내가 나름대로 순종을 연습시키는 장면을 일기를 통해 살펴보겠습니다.

다른 집에 초대받아 가는 차 안에서 엄마는 빈, 조이, 늘봄의
이름을 부른다. 모두 "예" 한다. 엄마는 운전하면서 "빈(조이, 늘
봄) 손 올리세요. 손 내리세요"라고 말한다. 엄마 말을 정확하게
듣고 순종하는지 확인해보는 것이다.

"다른 집에 가서도 엄마 말에 잘 순종해야 해요."

다짐에 다짐을 받는다.

"조이가 순종하지 않으면 어떻게 돼요?"

"순종 안하면 엄마가 힘들어서 다른 집에 못가게 돼요."

훈련의 효과가 있는지 오늘 저녁에는 꽤나 순종을 잘해주었다.
집에 돌아와서 엄마 말에 잘 순종해줘서 고맙다고 칭찬해주었더
니 다들 얼굴에 웃음꽃이 핀다.

배려하기

자녀들에게 이웃 사랑을 가르치는 첫 출발은 배려를 가르치는
것입니다. 요즘에 저는 특별한 일이 없으면 점심시간을 이용하여
집에 잠깐 다녀옵니다. 집에 가면 저에게 주어진 일이 있습니다.
설거지를 하고 빨래를 너는 것입니다. 가정일을 함께 하지 않으
면 아내 혼자 자녀 셋을 양육하기가 너무 힘들겠다는 생각이 들

었기 때문입니다. 그래서 제가 스스로 찾아 나선 일이 설거지와 빨래를 너는 일입니다. 낮에 하지 못하면 밤늦게 들어가서라도 꼭 하고 잡니다.

저는 설거지를 하는 순간에도 자녀들을 훈련하기 위해 아들 빈이를 부르고 이렇게 말을 합니다.

"빈아, 지금 아빠가 엄마를 배려하는 거예요. 빈이도 나중에 아빠가 되면 이렇게 엄마를 배려해주세요."

모든 것이 다 교육의 재료입니다. 저희 집은 순종과 배려라는 단어를 단 하루도 하지 않고 넘어가는 날이 없습니다. 동생에게는 언제나 오빠에게 순종할 것을 요구합니다. 그리고 오빠에게는 항상 동생들을 배려해줄 것을 요구합니다.

어느 날 차를 타고 가다가 제가 운전을 하면서 빈이와 조이를 불렀습니다.

"빈!"

"네."

"조이!"

"네."

"동생은 오빠에게 어떻게 해야 돼죠?"

조이가 큰 목소리로 대답합니다.

"순종해요!"

흐뭇한 마음으로 오빠에게 묻습니다.

"오빠는 동생에게 어떻게 해야 돼죠?"

빈이가 우렁찬 목소리로 대답합니다.

"배려해야 합니다."

그리고 마지막으로 3살인 늘봄이를 부릅니다.

"강늘봄!"

"네."

"동생은 오빠와 언니에게 어떻게 해야 돼요?"

뭐라 뭐라 얘기하는데 무슨 말인지 잘 알아들을 수가 없습니다. 하지만 분명히 "순종해요"라고 대답했을 것입니다.

저는 오빠에게 이렇게 말합니다.

"빈아! 빈이는 엄마아빠가 없을 때 조이와 늘봄이의 아빠 역할을 해야 돼요. 그러니까 아빠가 빈이를 배려하듯이 항상 동생들을 배려해야 돼요."

그리고 조이에게는 이렇게 말합니다.

"조이는 엄마아빠에게 순종하듯이 항상 오빠에게 순종해야 돼요. 알았어요?"

그래서 그런지 우리 아이들에게서 서로 배려하는 모습을 자주 볼 수 있습니다. 오빠가 동생들을 불러다가 책을 읽어주거나 언니가 동생에게 책을 읽어주기도 하고, 동생이 걷지 못하고 기어다닐 때에는 동생과 함께 놀기 위해서 오빠와 언니가 동생처럼 기어다 닙니다. 이 모든 것들이 배려를 교육하는 부모의 눈에는 다 배려하는 마음으로 보입니다.

이처럼 이웃 사랑은 가정에서 먼저 서로서로 배려하는 것에서부터 시작됩니다. 가정에서 가족간의 배려를 훈련한 자녀들은 사회에서 이웃을 배려하게 되고 결국 이것은 이웃 사랑, 더 나아가 하나님 사랑으로 나타나게 됩니다.

인격훈련에 도움을 주는 두 가지 습관

변명하지 않는 훈련

303비전장학회에서 여운학 장로님으로부터 받았던 인격훈련은 '변명하지 않는 훈련' 과 '주 안에서 즐겨 바보 되고 주 위하여 기뻐 손해 보는 훈련' 입니다.

여운학 장로님은 정당한 내용이라 할지라도 변명만 하면 불호령하셨습니다. 이 훈련이 저에게는 얼마나 유익한 훈련이었는지, 목회 현장에서 경험하고 있습니다.

저는 웬만하면 변명하지 않습니다. 일을 하다보면 바빠서 못할 수도 있고, 깜박 잊어버리고 못할 수도 있고, 여러 가지 사정이 있어서 늦어질 수도 있습니다. 대부분의 사람들은 미처 다 처리하지 못한 일에 대해 직장 상사로부터 추궁을 받게 되면 바로 변명을 합니다. 심지어 그 책임을 다른 사람에게 돌리는 경우도 있습니다. 목회자들 사이에서도 이러한 일은 비일비재합니다. 하지만 저는 먼저 솔직하게 인정합니다.

"제가 깜박 잊어버리고 미처 일을 처리하지 못했습니다. 죄송합니다. 다음에는 이런 일이 없도록 주의하겠습니다."

변명을 하지 않으니 다른 사람에게 잘못을 돌리는 일도 없습니다. 제가 이렇게 할 수 있는 이유는 변명하지 않는 훈련을 받았기 때문입니다. 저는 정당한 사유라 할지라도 위기를 모면하려고 하지 않습니다. 정당한 사유를 대서 위기를 탈출하다보면 나중에는 정당한 사유가 없는 상황에서도 위기를 모면하기 위해 변명하게 되기 때문입니다. 그래서 애초에 정당한 사유가 있든 없든 변명하지 않는 훈련을 하는 것이 필요합니다.

물론, 변명하지 않으면 때로는 오해받을 수도 있고, 억울한 일을 당할 수도 있습니다. 그래도 우리는 변명하지 말아야 합니다.

변명하다보면 거짓말을 하게 되기 때문입니다. 자신도 모르게 남에게 책임을 전가하게 되기 때문입니다. 심지어 하나님께 책임을 전가하기도 합니다. 이러한 사실은 욥기를 통해 분명히 알 수 있습니다.

욥은 친구들의 정죄에 조목조목 반박합니다. 자신은 털끝만큼의 잘못도 하지 않았다며 자신의 의로움을 주장합니다. 하나님께 벌을 받을 어떠한 죄도 저지르지 않았다는 것입니다. 하지만 욥은 자기 자신의 의로움을 주장하는 것이 곧 하나님을 비난하는 것임을 미처 깨닫지 못했습니다. 물론 하나님께서는 욥의 속마음을 알고 계셨습니다.

하나님께서는 폭풍 가운데 욥에게 나타나셔서 이렇게 말씀하십니다.

> 너는 대장부처럼 허리를 묶고 내가 네게 묻겠으니 대답할지
> 니라 네가 내 공의를 부인하려느냐 네 의를 세우려고 나를
> 악하다 하겠느냐 욥 40:7,8

욥은 자신의 의로움을 변호하기 위해 모든 잘못을 하나님께 돌리는 실수를 범하고 말았습니다.

욥은 모든 잘못을 하나님께 돌릴 사람이 아니었습니다. 왜냐하면 그는 하나님께서 인정하실 만큼 의롭고 순전한 사람이었기 때문입니다. 하지만 욥은 친한 친구들이 자기 자신을 정죄하는 것이 너무 억울했습니다. 그래서 변명하기 시작합니다. 변명하다보니 자신에게 고난을 허락하신 하나님의 뜻을 깜박 잊어버렸습니다. 그래서 아무 잘못도 없는 자신을 하나님께서 이렇게 만드셨다고

원망하고 맙니다.

나는 깨끗하여 악인이 아니며 순전하고 불의도 없거늘 참으
로 하나님이 나에게서 잘못을 찾으시며 나를 자기의 원수로
여기사 내 발을 차꼬에 채우시고 나의 모든 길을 감시하신다

욥 33:9~11

하지만 변명하지 않고 침묵을 지키면 죄를 범하지 않습니다. 오
히려 침묵을 지키면서 예수님의 고통에 동참하게 됩니다. 저는 이
사야 53장 7절 말씀을 암송하면서 변명하지 않고 침묵을 지키는
훈련의 비밀을 알았습니다.

그가 곤욕을 당하여 괴로울 때에도 그의 입을 열지 아니하였
음이여 마치 도수장으로 끌려가는 어린 양과 털 깎는 자 앞
에서 잠잠한 양같이 그의 입을 열지 아니하였도다

예수님께서는 아무런 죄가 없으셨으나 온 세상의 죄를 짊어지셨
습니다. 그리고 기꺼이 모든 수모와 억울함과 괴로움을 감당하셨
습니다. 예수님의 입에서는 단 한 마디의 변명도 없었습니다. 오로
지 침묵만이 있었습니다. 그리고 결국 이 침묵이 온 세상을 구원합

니다. 이렇듯 변명하지 않고 침묵을 지키는 훈련은 인격훈련에 있어서 아주 중요한 요소입니다.

자녀에게 변명하지 않는 훈련을 시키십시오. 변명하지 않는 훈련을 받은 아이들은 남에게 책임을 전가하지 않습니다. 그들은 형제자매나 동료를 배려하는 아이가 될 것이고, 자신이 맡은 일에 최선을 다하는 책임감 있는 아이가 될 것이며, 추궁을 두려워하지 않고 자신의 잘못에 대하여 깨끗하게 인정하는 담대한 아이가 될 것입니다.

주 안에서 즐겨 바보 되는 심우훈련

'주 안에서 즐겨 바보 되고 주 위하여 기뻐 손해 보기'는 303비전 장학생, 303비전 꿈나무 모범생들과 엄마들이 늘 기억해야 할 훈련입니다. 저는 이 훈련을 간단하게 줄여서 '심우深愚 훈련'이라고 부릅니다. '깊을 심'자와 '어리석을 우'자를 합쳐서 만든 단어이지요.

바람이 없는 날에는 깊은 물이나 얕은 물이나 겉보기에 모두 똑같습니다. 하지만 거대한 태풍이 몰아치면 수심이 깊은 물은 타이타닉 호와 같은 거대한 배도 침몰시킬 수 있는 능력을 발휘합니다.

이와 같이 심우훈련을 받은 아이들을 평상시에는 잔잔한 바다처럼 고요하게 있다가 정말 중대한 사건이나 위기가 발생했을 때는 잠재된 능력으로 온 세상을 주도합니다.

저는 로마서 12장 2절을 암송하다가 이 말씀이 심우훈련과 관련이 있다는 생각을 하게 되었습니다.

> 너희는 이 세대를 본받지 말고 오직 마음을 새롭게 함으로
> 변화를 받아 하나님의 선하시고 기뻐하시고 온전하신 뜻이
> 무엇인지 분별하도록 하라

이 세대를 본받지 않고 거스르는 사람은 참으로 어리석어 보입니다.

저는 대학생 때 어머니로부터 "바보"라는 소리를 들었습니다. 당시 아르바이트로 신문 배달을 했었는데, 하루는 새벽에 신문을 돌리다가 은행 앞에 신문을 깔고 자고 있는 노숙자를 보았습니다. 저는 그 노숙자가 너무 불쌍해서, 들고 다니던 성경암송카드에 만 원짜리 지폐를 끼운 뒤 잠바 주머니에 넣고 그 잠바를 벗어 노숙자를 덮어주었습니다.

또 한 번은 제 자취방으로 손님 한 분이 찾아왔습니다. 돈을 구걸하러 온 거지였습니다. 저는 집 앞에 있는 슈퍼마켓에 가서 빵을 산 다음 그 거지에게 주었습니다. 그리고 남아 있던 마지막 잠바를 주었습니다.

할 수 없이 집에 가서 형의 잠바를 입고 있는데 어머니께서 왜

형의 것을 입고 있냐고 물으셨습니다. 그래서 자초지종을 얘기했더니 어머니께서 하시는 말씀이 "바보"라는 것이었습니다. 마지막 잠바까지 노숙자에게 벗어주었으니 정말 바보처럼 보였을 것입니다. 물론 어머니께서는 그런 저를 마음속으로는 기특하게 여기셨을 것입니다.

이처럼 오늘날에 성경대로 사는 삶은 '바보의 삶'인 것 같습니다. 세상 사람들은 "공부해서 남 주냐?"라고 말합니다. 하지만 성경대로 사는 사람들은 "공부해서 남 주자!"라고 말합니다. 세상 사람들은 군대 가기 전에 '총각딱지'를 뗀다고 합니다. 하지만 성경대로 사는 사람들은 결혼할 때까지 순결을 지킵니다.

저는 군에 있을 때 휴가를 받아서 과 학생회실에 갔다가 충격을 받았습니다. 골동품 취급을 받았기 때문입니다. 당시 여자친구도 있었는데 키스 한 번 못했다니까 졸지에 골동품이 되고 말았습니다. 저는 그때서야 일반적으로 교회에 다니지 않는 남자들은 군대 가기 전에 총각딱지를 뗀다는 사실을 알았습니다. 물론 다 그런 것은 아니겠지만 그것이 일반적이며 15년이 지난 지금은 더하면 더했지 덜하지는 않을 것이라고 생각합니다.

또 제가 대학생이었을 때는 커닝이 거의 일반적으로 행해졌습니다. 책상은 낙서로 거의 새까맣게 변해 있었습니다. 커닝을 해도 양심의 가책이 없던 시기였습니다. 모두가 커닝을 했고, 서로가 눈감아주었습니다. 절대평가여서 상대의 점수가 자신의 학점에 영향을 주지 않았기 때문입니다. 심지어 감독관조차도 커닝을 살짝 눈감아주었습니다.

하지만 저는 그 당시에도 커닝을 하지 않았습니다. 공부를 많이 하지 못했을 때에도 양심껏 시험을 보았습니다. 커닝을 살짝 해도 되는 분위기라는 것은 알고 있었지만 저는 그렇게 할 수 없었습니다. 커닝을 하는 것은 신앙 양심을 파는 행동이었기 때문입니다. 신앙 양심에 따라 저는 세상 친구들이 보기에는 어리석고 바보스런 행동을 선택했습니다. 하지만 지금까지 단 한 번도 후회해본 적이 없습니다.

이 세대를 본받는 것은 멸망으로 가는 지름길입니다. 우리는 자녀들에게 이 세대를 본받지 말고 과감하게 세상을 거슬러 올라가라고 가르쳐야 합니다. 그것이 바로 심우훈련입니다.

'주 안에서 즐겨 바보 되고 주 위하여 기뻐 손해 본다'는 심우 훈련은 단순한 바보 훈련이 아닙니다. 세상을 본받지 않고 세상을 거슬러서 바보가 되더라도 즐겨 바보가 되고 손해를 보더라도 기뻐 손해를 보자는 것입니다. 마지못해 바보가 되고, 마지못해 손해 보는 것이 아니라 본인의 의지에 따라 바보의 삶을 선택하고 손해 보는 삶을 선택하자는 것입니다. 주님을 위해 말입니다.

심우훈련이 잘 되어 있는 사람은 바보 같지만 바보가 아닙니다.

어리석은 사람 같지만 어리석은 사람이 아닙니다. 심우훈련이 잘 되어 있는 사람의 눈은 힘이 있고 빛이 납니다. 얼굴에 광채가 있습니다. 그 말과 행동에서 어느 누구도 함부로 무시할 수 없는 권위가 나옵니다. 서기관과 바리새인 같지 않고 권위 있는 자와 같아서 모든 무리들이 깜짝 놀랐던 산상수훈 때의 예수님의 모습처럼 말입니다.

　주 안에서 즐겨 바보 되고 주 위하여 기뻐 손해 보는 심우훈련을 받은 우리의 자녀들은 세상을 깜짝 놀라게 하는 주인공이 될 것입니다.

"잘 모르겠는데요."
빈이의 대답은 어쩌면 너무나 당연한 것인지도 모릅니다.
어느 누구도 어린아이에게 구원의 확신과 그 근거를 물어본 적도,
가르친 적도 없기 때문입니다. 부모조차 말입니다.

5장

온 가족이
행복해지는
전도훈련

전도, 하나님의 구출작전

영적전쟁 필승 법칙 세 가지

그리스도인들은 하나님의 군사입니다. 하나님의 군사라면 무엇보다 먼저 무기를 사용할 줄 알아야 합니다. 이 무기가 '말씀' 입니다. 둘째로 전쟁에서 이기기 위해서는 후방의 지원이 있어야 합니다. 군수 물자를 얼마나 잘 대느냐에 따라 전쟁의 승패가 있다고 할 정도로 시기적절한 지원은 매우 중요합니다. 이것이 바로 '기도' 입니다.

여호수아가 아말렉 군대와 싸울 때 모세와 아론과 훌이 기도했던 것이 바로 후방의 지원이라고 볼 수 있습니다. 당시 아말렉 군대는 여호수아가 아닌 모세와 아론과 훌의 합심기도를 가장 무서 위해야 했습니다(출 17:8~16).

세 번째로 중요한 것은 군사 훈련입니다. 총을 쏠 줄은 알지만 적을 맞추지 못하면 아무런 쓸모가 없습니다. 적의 심장을 정확하게 맞춰서 쓰러뜨리고, 적에게 잡혀 있는 포로를 구해내는 것, 이것이 바로 '전도' 입니다.

이처럼 그리스도인들이 영적전쟁에서 날마다 승리하기 위해서는 말씀, 기도, 전도의 세 박자를 모두 갖추고 있어야 합니다. 아무리 말씀에 뛰어난 지식이 있다고 하더라도 기도를 하지 않으면 교만하게 되고 삶이 건조해집니다.

기도만 열심히 하는 사람도 문제가 있습니다. 이런 사람은 말씀이 없어 단단한 음식은 먹지 못하는 미성숙한 신앙을 보입니다(히 5:12).

또한 말씀과 기도는 열심히 하면서 전도는 하지 않는 사람은 살았다 하는 이름은 가졌으나 실제는 죽은 그리스도인입니다. 그리스도인의 사명은 땅끝까지 복음을 전하는 것이기 때문입니다.

전도를 하면 하늘에서 잔치가 열린다

많은 성도들이 이 세 가지 중 가장 부담스럽게 생각하는 것이 전도입니다. 전도훈련을 제대로 받은 적이 없기 때문입니다. 전도는 마귀에게 사로잡혀 있는 하나님의 자녀를 구해내는 구출작전입니다. 이렇게 중대한 작전에 훈련도 없이 투입되면 싸우기도 전에 두렵고 떨려서 입이 꽁꽁 얼어붙습니다. 그럼 결국 말 한 마디도 제대로 하지 못하고 구출작전은 실패로 돌아가겠지요. 그렇기 때문에 교회는 성도들을 하나님의 군사로 무장시켜야 합니다. 성도들이 전쟁터에 용감하게 돌진하여 적을 쓰러뜨리고 고지에 승리의 깃발을 꽂도록 훈련하는 것이 바로 전도훈련입니다.

전도하는 삶은 곧 행복한 삶입니다. "하나님께서 선생님에게 이 영생의 선물을 주시기를 원하시는데 받으시겠습니까?"라는 질문에 전도대상자가 기꺼이 받겠다고 대답할 때의 기쁨은 전도를 해보지 않은 사람은 알 수 없습니다.

어떤 할머니는 돌아가시기 이틀 전에 예수님을 영접하여 천국 영생을 선물로 받으셨습니다. 할머니를 위해 기도해왔던 자녀들과 지인들은 할머니가 예수님을 믿고 천국에 가셨다는 소식을 듣고 너무 기뻐하면서 복음을 전해준 저에게 거듭 고맙다고 했습니다. 그럴 때마다 저는 직접 전도하는 사람만이 느낄 수 있는 기쁨을 느낍니다.

이처럼 저는 복음을 전하면서 많은 이들이 예수님을 영접하는 모습을 지켜보았습니다. 그리고 당시에는 영접을 보류했지만 몇 달 후에 교회에 등록하러 오는 사람들도 보았습니다. 그때마다 하늘에서 잔치가 벌어졌을 것을 생각하니 행복합니다.

내가 너희에게 이르노니 이와 같이 죄인 한 사람이 회개하면 하늘에서는 회개할 것 없는 의인 아흔아홉으로 말미암아 기뻐하는 것보다 더하리라 눅 15:7

결혼 전에 미리 받는 전도훈련

저는 전도훈련을 받고 나서 제 안에서 일어나는 변화를 보고 정말 놀랐습니다. 전도훈련을 받기 전에는 청년들이 전도하러 가자고 하면 자신이 없었습니다. 전도하러 가기는 갔지만 전도하는 것이 그리 즐겁지 않았습니다. 목회자인데도 현장에서는 청년들과 다를 것이 하나도 없었습니다. 오히려 청년들보다 전도를 더 못하는 전도사였습니다. 하지만 전도훈련을 받고 언제 어디서나 전도할 수 있는 능력이 생기자 전도 현장에 가는 것이 기대가 되었습니다. 늘 총알을 장전하고 있기 때문에 언제든지 총을 쏘아서 적을 쓰러뜨릴 수 있다는 자신감이 생긴 것입니다.

제가 경험한 전도훈련 중에 가장 확실한 전도훈련은 '전도폭발훈련'입니다. 교회에 전도폭발훈련 프로그램이 있다면 반드시 훈련을 받고 전도를 생활화하시기 바랍니다.

두 번째로 추천하는 전도법은 '다리전도법'입니다. 백지 위에 다리를 그리면서 하는 전도법인데 시각에 자극을 줘서 전도대상자를 효과적으로 집중시킬 수 있습니다.

단, 읽어주는 전도법으로 하려고 하지는 마십시오. 청년의 시기에 아무런 수고도 없이 편하게 전도하려고 하는 것은 너무 안이하고 게으른 처사입니다. 게다가 우리는 궁극적으로 자녀를 훈련하기 위해 전도훈련을 받는 것입니다. 자녀에게 전도 방법을 전수해 주겠다는 비전을 가지고 청년의 때에 확실하게 전도법을 익히고 훈련하는 것이 좋습니다. 도구가 없어도 언제 어디서나 복음을 제시할 수 있는 준비가 되어 있어야 합니다.

청년 시절에 암송과 전도를 생활화한다면 이미 훌륭한 부모가 될 준비를 마친 것이나 다름없습니다. 여러분의 자녀가 구원의 확신이 있는지, 그리고 구원의 확신의 근거가 무엇인지 점검하는 것은 다른 사람이 아니라 바로 부모여야 한다는 사실을 잊지 마시기 바랍니다.

자녀에게 전수하는 전도의 능력

먼저 자녀의 구원을 점검하라

문창교회에 처음 부임했을 때, 교사 교육을 명목으로 선생님들과 함께 '전도폭발 복음제시' 전문을 암기하였습니다. 그러던 중 한 선생님의 부친이 말기 암으로 투병 중이시라는 이야기를 들었습니다. 게다가 아버님이 아직까지 예수님을 영접하지 않으셨다는 것이었습니다. 저는 바로 그 선생님과 함께 댁을 방문하여 아버님께 복음을 제시하였습니다. 그 자리에서 아버님은 예수님을 영접하셨고 후에 병상에서 세례를 받으신 뒤 운명하셨습니다. 이 사건은 저에게 매우 놀라운 경험이었습니다. 마치 강에 빠져 죽어가는 사람을 현장에서 구해낸 것 같았습니다.

제가 자녀에게 전도훈련을 시켜야겠다고 마음을 먹게 된 것도 이 시기였습니다. 어느 날, 7살 된 아들이 구원의 확신이 있는지 궁금해졌습니다. 그래서 아들에게 구원의 확신과 구원의 확신의 근거를 물어보았습니다.

"빈아, 빈이는 만일 오늘 밤 이 세상을 떠난다면 천국에 들어갈 것을 확신하고 있니?"

"잘 모르겠는데요."

"만일 오늘 밤 이 세상을 떠나서 천국 문 앞에 섰는데 하나님이 빈이에게 '내가 너를 나의 천국에 들어오게 해야 할 이유가 무엇이냐' 라고 물으신다면 너는 무엇이라고 대답할꺼야?"

"잘 모르겠는데요."

빈이의 대답은 어쩌면 너무나 당연한 것인지도 모릅니다. 어느 누구도 어린아이에게 구원의 확신과 그 근거를 물어본 적도, 가르친 적도 없기 때문입니다. 부모조차 말입니다.

저는 빈이의 눈을 쳐다보며 간단하게 복음을 제시했습니다.

"빈아, 천국은 값없이 주시는 하나님의 선물이야. 지금 우리가 밝은 햇빛, 공기, 물을 다 값없이 받고 있는 것처럼 천국의 영생도 하나님이 선물로 주셔. 그러니까 천국은 돈이나 공로나 자격으로 얻는 것이 아니야.

하나님이 이 천국의 영생을 우리에게 선물로 주실 수밖에 없는 이유는 인간이 죄인이기 때문이야. 죄인은 자신을 구원할 수가 없단다. 하나님은 자비로우셔서 우리를 벌하시기를 원하지 않으셔. 그런데 그 자비로우신 하나님은 또한 의로우시기 때문에 반드시 우리 죄를 벌하셔야만 하신대. 이 문제를 해결하기 위해서 하나님은 그의 사랑하시는 아들 예수 그리스도를 이 세상에 보내셨어.

예수 그리스도는 무한하신 참하나님이신 동시에 참인간이셔. 예수 그리스도는 온전한 삶을 사시다가 우리에게 천국 영생을 선물로 주시기 위해 십자가 위에서 우리의 죗값을 대신 치르시고 부활하셨어. 천국 영생은 이 예수님을 믿을 때 하나님이 선물로 주시는 거야. 오로지 예수님만을 신뢰하는 것이 구원받는 참믿음이야.

빈아, 이해가 되니? 이 시간에 하나님이 너에게 천국 영생을 선물로 주시기를 원하시는데 이 영생의 선물을 받겠니? 그러면 아빠랑 같이 기도하자. 한 마디씩 따라하렴."

이렇게 복음을 제시하고 아들이 예수님을 영접할 수 있도록 도와주었습니다.

"주 예수님 / 저는 죄인입니다. / 지금까지 저는 / 제 자신을 믿고 살아왔습니다. / 저의 죄를 회개하오니 / 용서해주세요. / 예수님께서 저의 죄 때문에 / 십자가에서 죽으시고 / 부활하신 것을 믿습니다. / 지금 이 시간 제 마음의 문을 엽니다. / 예수님이 제 마음에 들어오셔서 / 저의 구주와 주님이 되어주세요. / 예수님 이름으로 기도합니다. 아멘."

영접기도가 끝난 후에 요한복음 6장 47절을 펴서 읽어주었습니다.

"빈아, 이 말씀은 예수님이 하신 말씀인데 예수님이 빈이에게 뭐라고 말씀하시는지 빈이가 한번 읽어볼래?"

"진실로 진실로 너희에게 이르노니 믿는 자는 영생을 가졌나니."

"여기 '너희' 와 '믿는 자' 의 '자' 에 빈이 이름을 넣고 다시 한 번 읽어봐."

"진실로 진실로 강빈에게 이르노니 믿는 강빈은 영생을 가졌나니."

"믿는 자는 영생을 가졌다고 했니 아니면 가질 것이라고 했니?"

"가졌다고 했어요."

"그렇지? 만일 오늘 밤 이 세상을 떠나 천국 문 앞에 섰는데 하나님이 너에게 천국에 들어와야 하는 이유를 물어보시면 뭐라고 대답할래?"

"예수님을 믿기 때문이에요."

저는 아들과의 대화를 통해서 부모가 자녀의 구원을 점검하고 자녀에게 복음을 자세하게 설명해야 할 필요를 느꼈습니다. 놀랍게도 아이들도 이해할 수 있습니다. 이해가 안 되면 될 때까지 수시로 물어보고 구원의 확신을 점검하고, 구원의 근거에 대하여 설명해야 합니다.

저희 교회 한 집사님이 전도폭발훈련을 받은 후에 대학생인 딸과 함께 서울에 갈 일이 생겼습니다. 집사님은 차 안에서 문득 자신의 딸이 구원의 확신이 있는지 없는지 확인해보고 싶었습니다. 그래서 딸에게 두 가지 질문을 했습니다.

"너는 만일 오늘 밤이라도 이 세상을 떠난다면 천국에 들어갈 것을 확신하고 있니?"

"네."

"그러면 하나님이 너에게 '내가 너를 나의 천국에 들어오게 해야 할 이유가 무엇이냐' 라고 물으신다면 너는 어떻게 대답하겠니?"

"전 하나님의 자녀이기 때문에 천국에 들어갈 수 있어요."

집사님은 딸의 대답이 완전히 잘못된 것은 아니었기 때문에 다행스럽게 생각하면서 복음을 제시해나갔다고 합니다.

"예수님을 믿고 있다고 생각하는 사람에게 실제로 무엇을 믿고 있느냐고 물어보면 건강 문제나 재정 문제, 자녀 문제와 같은 일시적이고 현세적인 일들을 위해 예수님을 의지하고 있음을 알 수 있어. 그들은 그러한 문제들이 해결되고 나면 더 이상 예수님을 의지하지 않아. 잠시 있다 지나갈 이 세상의 일들을 위해서만 예수님을 믿고 있는 것이지. 하지만 이러한 일시적이고 현세적인 믿음은 구원받는 믿음이 아니야."

그런데 이 부분에서 흔들리던 딸이 나중에 울먹이며 집사님에게 이렇게 말했다고 합니다.

"나중에 결혼할 사람을 만나면 가장 먼저 엄마에게 데리고 와서 복음을 듣게 해야겠어요."

이렇듯 자녀가 복음을 바로 알고 신앙생활을 하고 있는지 확인하고 점검해야 할 책임은 우리 부모에게 있습니다.

전도가 일상이 되게 하라

제가 사역하는 교회에서 하는 전도폭발훈련은 다른 교회에서 하는 것과는 약간 다릅니다. 다른 교회에서는 전도폭발훈련을 시작하면서 복음제시 전문을 암기합니다. 하지만 저희 교회는 훈련에 들어가기 두 달 전에 복음제시를 암기하게 하고 현장 실습을 미리 시킵니다. 그래서 제가 전도폭발훈련을 담당하면서 가장 먼저 하는 일은 훈련생들에게 복음제시 전문을 암기하게 하는 것입니다. 전도폭발훈련을 해보신 분들은 알겠지만 복음제시 전문은 40분 동안 쉬지 않고 말해야 하는 매우 긴 분량입니다.

그 다음으로는 현장 실습을 합니다. 훈련생들은 훈련자를 따라다니면서 훈련자가 전도하는 모습을 지켜봅니다. 그리고 복음을 전하는 전도자가 되어 있는 자신의 모습을 기대하면서 훈련에 임합니다. 이렇듯 미리 복음제시 전문을 암기하고 훈련에 임하는 훈련생들은 14주간의 훈련을 넉넉하게 잘 견뎌냅니다.

각 사람마다 다르겠지만 저는 평신도 전도훈련법 중에서는 전도폭발훈련이 가장 강력하다고 생각합니다. 그렇다면 가정에서는 어떻게 전도훈련을 하는 게 좋을까요?

자녀들의 전도훈련은 교회에서 하는 전도훈련과 그 시작이 다릅니다. 교회에서는 복음제시 전문을 암기하게 한 다음 현장 실습을 하게 하지만 가정에서는 그럴 필요가 없습니다.

앞에서 언급한 대로 자녀들의 전도훈련은 구원의 확신을 점검하는 것으로 시작해 틈틈이 기회가 있을 때마다 복음의 내용을 잘 이해할 수 있도록 질문하고 자녀가 대답하게 하는 식으로 이루어집니다.

전도폭발 복음제시 전문의 내용 중 '은혜'의 일부분을 예로 들어 설명해보겠습니다.

"우리가 살기 위해서 꼭 필요한 밝은 햇빛, 공기, 물은 어떻게 얻니? 돈 주고 얻니? 아니면 선물로 거저 받았니? 로마서 6장 23절을 읽어보렴. 여기에서 하나님의 은사는 무엇일까? 우리가 돈이나 공로나 자격이 있어서 천국 영생을 얻는 것이 아니라 하나님의 선물로 천국 영생을 받는 거야. 그렇다면 왜 하나님은 천국 영생을 우리에게 선물로 주셔야만 할까? 그리고 돈으로 천국을 살 수 없는 이유가 무엇일까?"

이렇게 부모가 자녀에게 질문을 하고 자녀는 그 질문에 대답하는 식으로 훈련을 하다보면 서서히 자녀의 마음에 복음이 심어지게 됩니다. 가정에서 식사를 하면서 질문을 하고, 여행을 하면서 질문을 하고, 드라이브를 하면서 질문을 하는 등 시시때때로 확인을 하면 아이들이 자연스럽게 복음의 내용을 이해하게 될 것입니다.

이러한 질문식 전도훈련은 7살 때부터 충분히 가능합니다. 7살 때부터 복음의 내용을 정확하게 이해시킨 다음 현장에서 실습을 하게 하면 자녀가 전도법을 체득하게 됩니다.

교회에서 하는 전도훈련은 인위적인 훈련의 측면이 강합니다. 하지만 가정에서 자녀를 대상으로 하는 전도훈련은 훈련이라기보다는 일상의 연속입니다. 자연스럽게 복음의 내용을 익히고, 자연스럽게 친구들을 전도하게 되는 것이 바로 가정에서 하는 전도훈련의 장점입니다.

며칠 전, 제가 시무하는 교회에 소속된 303비전 꿈나무 모범생 가족들이 모여서 암송 200절 돌파 축하파티를 열었습니다.

식사 후에 4명의 꿈나무 모범생들이 암송 시범을 보였습니다. 각 97절, 180절, 200절, 230절을 함께 암송하고, 아빠들이 자녀들에게 격려의 말과 함께 준비한 선물을 전달하는 것으로 파티를 마무리했습니다.

아이들이 부분부분 암송하는 모습은 보았지만 말씀 전체를 한 번에 암송하는 모습은 처음인 아빠들의 반응은 감격 그 자체였습니다. 파티에 참석했던 부모들은 모두 한결같이 "이 아이들이 자라서 어떤 사람이 될지 너무 기대가 되고 궁금하다"라고 말했습니다.

자녀를 키우는 기쁨은 자녀에 대한 기대가 있을 때 더욱더 커집니다. 말씀훈련과 인격훈련과 전도훈련으로 가정에서 자녀들을 그리스도의 제자로 키운다면 하나님께서 기뻐하시는 가정이 될 것입니다.

자녀의 가슴에 말씀을 새겨라

초판 1쇄 발행   2009년 3월 16일
초판 5쇄 발행   2016년 1월 18일

지은이   강동협

펴낸이   여진구
편집국장   김응국
기획·홍보   이한민
책임편집   김아진, 최지설, 이수연
편집   안수경, 이소현, 강민정, 이영주, 손유진
책임디자인   이혜영, 김유리 | 전보영, 서은진
해외저작권   최영오
마케팅   김상순, 강성민, 허병용, 이기쁨
마케팅지원   손동성, 최태형, 한기웅
제작   조영석, 정도봉
경영지원   김혜경, 김경희

이슬비전도학교   엄취선, 전우순, 최경식
303비전성경암송학교   박정숙, 최영배, 이지혜
303비전장학회 &
303비전꿈나무장학회   여운학

펴낸곳   규장

주소 137-893 서울시 서초구 양재2동 205 규장선교센터
전화 578-0003   팩스 578-7332   이메일 kyujang0691@gmail.com
등록일 1978.8.14. 제1-22

책값 뒤표지에 있습니다.
ISBN 978-89-6097-098-4 03230

규 | 장 | 수 | 칙

1. 기도로 기획하고 기도로 제작한다.
2. 오직 그리스도의 성품을 사모하는 독자가 원하고 필요로 하는 책만을 출판한다.
3. 한 활자 한 문장에 온 정성을 쏟는다.
4. 성실과 정확을 생명으로 삼고 일한다.
5. 긍정적이며 적극적인 신앙과 신행일치에의 안내자의 사명을 다한다.
6. 충고와 조언을 항상 감사로 경청한다.
7. 지상목표는 문서선교에 있다.

하나님을 사랑하는 자 곧 그 뜻대로 부르심을 입은 자들에게는 모든 것이 合力하여 善을 이루느니라 (롬 8:28)